超级问问问

人文地理

化学工业出版社
·北京·

一起向世界的不可思议发起挑战！

阅读指南

通过对100名小学生进行问卷调查，根据他们感兴趣的程度，将84道问题从低到高排序。

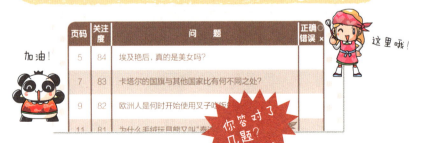

历史

为什么排行榜 84 位

170 人气值

埃及艳后，真的是美女吗？

古埃及女王克利奥帕特拉七世（通称为埃及艳后）号称世界三大美女之一，这是真的吗？

下列说法中，正确的是哪一个？

 1 是真的，有照片为证。

 2 不是真的，有史料记载，她并非美女。

3 不确定，但是她聪明过人，魅力非凡。

答案在下一页！

答案是 3

克利奥帕特拉冰雪聪明且魅力非凡。

据说在2000多年前的古罗马帝国,当时杰出的政治家恺撒和安东尼先后爱上了埃及艳后。由于时代所限,没有照片为证,埃及艳后究竟是不是美女我们不得而知。

但有一点可以确定,埃及艳后是个冰雪聪明、魅力非凡的女人。她不仅掌握多国外语,还足智多谋。据说,为了与恺撒见面,她将自己包裹在毛毯之中,让人抬进恺撒的屋中。面对如此聪慧的克利奥帕特拉,恺撒大为震惊,最终拜倒在了她的石榴裙下。

其实,通过和强大的古罗马帝国联姻来保卫埃及才是克利奥帕特拉的真正目的,因此当恺撒去世后,她便主动接近安东尼,最终成为了他的妻子。

为什么排行榜 **83** 位

文化

172 人气值

卡塔尔的国旗与其他国家比有何不同之处?

卡塔尔,位于亚洲西南部的沙漠之国,它的国旗有何不同之处呢?

下列说法中,正确的是哪一个?

1 有5种国旗,百姓可按喜好挑选。

2 横向特别长,超过纵向的2.5倍。

3 面积大,有网球场般大小。

答案在下一页!

答案是

卡塔尔的国旗是世界上最长的国旗。

卡塔尔，地处亚洲西南部的卡塔尔半岛。它的国旗横向很长，超过了纵向长度的2.5倍。因此参加全球性体育赛事时，为了与其他国家保持一致，卡塔尔只好将国旗的长度临时缩短。

卡塔尔曾被葡萄牙和英国入侵。由于地处沙漠，产业极其落后，直到20世纪40年代，由于石油的发现，卡塔尔一跃成了富庶之国，是世界第一大液化天然气生产和出口国。

1971年，卡塔尔宣布独立。

卡塔尔的国旗 11:28

沙漠之国，高楼林立。

卡塔尔的国旗上有9个锯齿，而巴林的国旗上有5个锯齿。可不要弄混哦。

 **生活**

173 人气值

欧洲人是何时开始使用叉子吃饭的?

吃西餐时,少不了叉子。
不过,你知道它是何时开始使用的吗?

下列说法中,正确的是哪一个?

 1 约2000年前。

 2 约1500年前。

 3 约1000年前。

答案在下一页!

答案是

约1000年前，欧洲人才开始使用叉子吃饭。

其实，欧洲人何时开始使用叉子吃饭，并没找到确凿的考古证据。但据西方学者推测，大约是在公元10世纪，也就是约1000年前。

叉子出现之前，人们先用刀子切割食物，再用手抓取进食。刀叉普及后，人们制订了相应的用餐礼仪，随着餐具种类的增多，吃肉、鱼、甜点等食物时都有了特定的餐具。

15世纪左右，欧洲人使用双尖的叉子。

18世纪才出现了四尖的叉子，方便叉取意大利面。

据考古出土文物查证，中国人最开始是使用刀叉勺吃饭的，直到战国时期后，才改为筷子。

生活

174 人气值

为什么毛绒玩具熊又叫"泰迪熊"?

泰迪熊是人气超高的毛绒玩具。不过,你知道这个名称的由来吗?

下列说法中,正确的是哪一个?

1 是美国总统的昵称。

2 为手工制作之意。

3 由法语音译而来,意为"可爱的小熊"。

答案在下一页!

答案是 **1**

"泰迪"是美国总统的昵称。

"泰迪",是美国第26任总统西奥多·罗斯福(1858—1919)的昵称。英文"bear",意为"熊"。

西奥多·罗斯福喜欢狩猎。一次他外出猎熊,接连几天也没看到熊的影子。当地官员为了讨好他,将一只事先捕获的小熊绑在树上让罗斯福射击。

出于怜悯之心,他放下了猎枪并下令放了小熊。百姓得知后,纷纷竖起大拇指,对这位总统赞不绝口。一家玩具商店趁机制作了许多毛绒玩具熊,并命名为"泰迪熊"。

还有一种说法是,西奥多·罗斯福参加婚礼时,现场装饰了许多毛绒玩具熊,因此"泰迪"便成为了玩具熊的代名词。

历史

175 人气值

为什么排行榜 **80** 位

为什么啤酒瓶大多是绿色的?

装啤酒的玻璃瓶大多是绿色的
你知道这是为什么吗?

下列说法中,正确的是哪一个?

 看起来清爽好喝。

 绿色的玻璃结实。

 遮光防止变质。

答案在下一页!

答案是 **3**

起到遮光作用,防止啤酒变质。

生活中常见的啤酒瓶大多是绿色的,现在也有一些啤酒瓶是棕色的。这是因为制作啤酒的啤酒花中含有一种物质,被阳光照射的话,会分解,并散发出臭味,我们叫它"阳光臭",这会影响啤酒的口感。而有色的玻璃瓶可以在一定程度上遮挡阳光,使啤酒尽量保鲜。

其实,棕色玻璃瓶的遮光效果比绿色的要好,但是由于造价偏高,所以早期的啤酒都采用了物美价廉的绿色玻璃瓶。随着人们对其认可度的提升,啤酒厂商们也就不愿意更换包装了。另外,也有无色玻璃瓶的啤酒,这种啤酒在生产过程中对啤酒花中的成分做过处理,不用担心"阳光臭"的问题。

不单是啤酒,一些药品的包装瓶也是深色的,都是为了遮光,避免成分变质。

文化

179 人气值

古代，参加奥林匹克运动会的选手们穿什么？

奥林匹克运动会可追溯至约2800年前，当时的参赛选手们穿什么呢？

下列说法中，正确的是哪一个？

1 身上裹着布，行动极其不便。

2 同样是背心、短裤。

3 全裸，什么也不穿。

答案在下一页！

答案是

3

古代，参赛选手们赤身裸体进行竞技。

古希腊举办奥林匹克运动会时，选手们需全裸上阵，而且只有男性可以参加比赛，女性连观赛都不可以。据说，一名选手在赛跑过程中，脱掉衣物、一身轻松，结果率先跑到了终点。此后，赤身裸体便成为了竞技规范。

还有的说，裸身竞技是为了公平起见，防止选手携带武器。竞技时，运动员还会用橄榄油涂满全身，既保护皮肤，又彰显健美的身材。

墙面以及容器上雕刻着标枪、摔跤、拳击等图案。

古代，举办奥林匹克运动会的城市名为"奥林匹亚"，那里仍保留着竞技场等诸多遗迹，1989年被联合国列入《世界遗产名录》。

为什么排行榜 78 位

180 人气值

美洲大陆为什么叫 "America"？

美洲大陆，广袤无垠、纵贯南北。不过，它为什么叫 "America" 呢？

下列说法中，正确的是哪一个？

1 取自探险家亚美瑞格·韦斯普奇（Amerigo Vespucci）的名字。

2 哥伦布将这里命名为 "America"。

3 源自名为 "阿美里卡纳（Americana）" 的土著居民。

答案在下一页！

答案是 1

"America"取自探险家亚美瑞格·韦斯普奇（Amerigo Vespucci）的名字。

美洲大陆之所以叫"America"，其实源自一位名为"亚美瑞格·韦斯普奇"的意大利探险家。

距今500多年前，亚美瑞格成为了首位到访美洲大陆的欧洲探险家。归国后，他向众人讲述了自己沿美洲大陆乘船南下的探险经历。德国的地理学家得知后，便将这一新大陆命名为"America"（美洲大陆）。

此后，大量欧洲人涌入这里，开疆拓土，建立起了自己的殖民地。1773年，英国已建立了13处殖民地。1775年独立战争爆发。1776年，正式宣布美国建立。

乘坐帆船进行探险。

亚美瑞格·韦斯普奇
（1454—1512，意大利人）

到访美洲大陆，发现了欧洲人前所未知的新天地。

其实，哥伦布是第一位发现美洲的人。但他坚信自己到达的是印度，因此将周围的群岛命名为"西印度群岛"。

文化

182 人气值

卢浮宫内的名画《蒙娜丽莎》是真的吗?

《蒙娜丽莎》创作于500年前,目前收藏于巴黎的卢浮宫内。不过,它究竟是不是真的呢?

下列说法中,正确的是哪一个?

 1 假的,真品已经被盗。

 2 是真品的复印件。真品保存在仓库之中。

 3 当然是真品,因此有人严加看守。

答案在下一页!

答案是 3

巴黎卢浮宫内展出的名画《蒙娜丽莎》为真品。

《蒙娜丽莎》由意大利著名画家列奥纳多·达·芬奇（1452—1519）创作。"蒙娜丽莎的微笑"不知迷倒了多少人。该画作原为意大利所有，后被拿破仑（法国）夺走，最终成为了法国的国宝。

不过，该画作曾于1911年被盗。盗窃者来自于达·芬奇的祖国——意大利。据说，该男子准备销赃时，被警察逮了个正着。

然而，意大利国民却认为这名男子的偷盗行为是在"完璧归赵"，因此还将其视为英雄。

列奥纳多·达·芬奇这个名字意为"出生于芬奇小镇的列奥纳多"。他不仅擅长绘画，还精通雕刻、建筑，同时通晓多门学科，是名副其实的全才。

 生活

184人气值

为什么日本小学生的书包都是一样的?

日本的小学生都会背一种硬质的双肩书包。为什么都背这样的书包呢?

下列说法中,正确的是哪一个?

1 日本的小学生只喜欢这样的书包。

2 有关部门规定的,一定要用。

3 只有电视里播放时,才背一样的书包,平时不会。

答案在下一页!

答案是
2

日本有关教育部门规定了书包的款式。

日本的硬质双肩书包源自130年前西洋军队使用的行军包。这种书包的名称来源于荷兰语"Ransel"。因为解放双手、结实耐用,迅速风靡日本。

统一的着装和用品,可以避免学生在学校内的攀比行为,此外,这种书包非常坚固,可以在地震中保护头部不被重物砸伤,故日本的教育部门要求统一使用。

从"背"这个角度来看,日本的书包和其他国家相差无几。然而只有在日本,几乎所有的小学生都会使用硬质双肩书包。

选择书包时,不能只看外表款式啊!还要考虑坚固程度,背起来的舒适感觉等,不要对身体造成伤害。

谜题

185 人气值

亚特兰蒂斯为什么被称作"谜之大陆"?

据说亚特兰蒂斯曾拥有高度发达的文明,而如今,我们却寻不见它的影子。这是为什么呢?

下列说法中,正确的是哪一个?

 1 据说亚特兰蒂斯沉入了海底。

 2 因为它在地球内部。

 3 其实在南极冰层之下。

答案在下一页!

答案是 1

亚特兰蒂斯一日之间便沉入了海底。

据史料记载,亚特兰蒂斯曾拥有高度发达的文明,甚至有文献称,它处于大西洋的海底。按照古希腊哲学家柏拉图的说法,约11600年前,亚特兰蒂斯顷刻之间便沉入了海底。

不过,目前尚无证据表明亚特兰蒂斯存在的真实性。大西洋的海底也并未发现任何大陆下沉的痕迹。

的确,有些地区曾因火山喷发而沉入海底,爱琴海的圣托里尼岛就是其中一例。因此,有学者猜想,圣托里尼岛会不会就是亚特兰蒂斯传说的原型呢?

柏拉图曾记载:亚特兰蒂斯一日之间便沉入大西洋。

约10亿~7亿年前,亚欧大陆、北美大陆、南美大陆、非洲大陆、澳洲大陆、南极大陆尚未分离,地球上只有一个大陆,即泛大陆——罗迪尼亚超级大陆。

186 人气值

科罗拉多大峡谷是如何形成的?

科罗拉多大峡谷是美国著名的景点之一,你知道它的成因吗?

下列说法中,正确的是哪一个?

1 地表的冰川融化后形成的。

2 河流长年累月侵蚀而成的。

3 火山多次喷发而成(105次)。

答案在下一页!

答案是 **2**

科罗拉多大峡谷是河流长年累月侵蚀而成的世界奇观。

科罗拉多大峡谷位于美国亚利桑那州西北部,是世界上的大峡谷之一。科罗拉多大峡谷全长450公里,宽6~29公里,深达1800米。

科罗拉多大峡谷是科罗拉多河千百万年的杰作。约3500万年前,落基山和科罗拉多高原的雨雪汇集成了两条河流,而后两条河流不断交汇形成了如今的科罗拉多河。科罗拉多河河水湍急、日夜冲刷,最终造就了这一世界奇观。

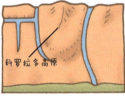
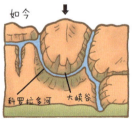

科罗拉多河侵蚀而成的大峡谷。

落基山脉被称为北美洲的"脊骨",从加拿大绵延至美国南部。中文"落基"从英文rocky音译而来,有石头山之意。

历史

187 人气值

莫扎特儿时曾求过婚?

众所周知,莫扎特在作曲方面是位神童,难道连求婚也早于常人吗?

下列说法中,正确的是哪一个?

1 向同学求婚,并娶进家门。

2 的确求过婚,而且求婚对象是一位公主。

3 "求婚"只不过是莫扎特创作的曲名而已。

答案在下一页!

答案是

2 儿时的莫扎特曾向公主求婚。

传说，莫扎特求婚的地点位于奥地利的美泉宫，而求婚的对象正是奥地利公主玛丽·安托瓦内特。

二人于1762年初次见面。当时奥地利王室举办音乐会，音乐神童莫扎特应邀出席。由于奥地利王宫的地面十分光滑，小莫扎特不慎跌了一跤。善良的玛丽·安托瓦内特公主跑过去将他扶了起来。

小莫扎特感动不已，于是说："谢谢你，等我长大了，一定娶你！"不过，当时的莫扎特并不知道扶他起身的小女孩正是奥地利的公主。

莫扎特的父亲常带着天才儿子四处演出，并应邀出席了奥地利的王室音乐会。

你真好！等我长大了，一定娶你。

这个嘛……

玛丽·安托瓦内特的母亲玛利亚·特蕾莎是奥地利的女王。据说，她半开玩笑地问小莫扎特："你为什么要娶我的女儿啊？"莫扎特的回答是："她特别温柔！"

生活

189 人气值

为什么排行榜 **72** 位

塞内加尔的屋顶为什么是凹陷的？

塞内加尔地处非洲西部，据说当地的屋顶是凹陷的！？你知道为什么吗？

下列说法中，正确的是哪一个？

1 祈祷幸运降临。

2 经常下冰雹，屋顶被打扁了。

3 利用屋顶蓄水。

答案在下一页！

答案是

3 利用凹陷的屋顶蓄水。

塞内加尔是非洲西部的沙漠之国。其中，屋顶凹陷的独特民居多分布在沿海的卡萨芒斯地区。卡萨芒斯州虽临近海洋，但淡水资源极其短缺。据说，即便打井，涌出来的也是盐水。因此，雨水成为了当地居民生活、饮用的重要水源。

凹陷的屋顶中间有孔，雨水可以顺势流入屋内的容器之中。

利用凹陷的屋顶蓄水。

屋顶有孔，雨水可以流入容器之中，是生活、饮用的重要水源。

世界上许多国家都存在饮用水不足的问题。意大利的马泰拉市对于雨水搜集也很有一套。简单来说，就是利用管道将雨水引流至地下的蓄水池。

生活

190 人气值

中国早期的马桶叫什么?

马桶,又叫坐便器,我们可以舒服地坐在上面如厕,那么中国早期的马桶叫什么?

下列说法中,正确的是哪一个?

1 虎子。

2 木桶子。

3 马桶子。

答案在下一页!

答案是

1

中国早期的马桶叫虎子。

据《西京杂记》上记载,汉高祖刘邦使用用玉制成的"虎子",由侍从拿着,方便皇上随时使用。

到唐朝,因为皇帝的家人叫"李虎",与马桶"虎子"重名了,实在不敬,故改为了"兽子""马子",再往后才变为"马桶"。

古时候,也没有卫生纸,用什么擦屁股呢?是用竹片!连皇帝也用哦。快快感谢发明卫生纸的人吧。

历史

192 人气值

印度和印度尼西亚有何关联？

印度是国土面积位居世界第七的大国；而印度尼西亚则是由17000多个岛屿组成的岛国。不过，两国的国名为何如此相似呢？

下列说法中，正确的是哪一个？

1 纯属偶然。

2 没有关联。

3 建国时，两国决定使用相似的国名。

答案在下一页！

答案是 **2**

两个国家没有关联。

印度和印度尼西亚是两个相互独立的国家。1850年,英国民族学家首次使用了"Indonesia"这个名字,指东印度群岛。虽然从名字上看,两国因地理位置靠近而名称相近,但两国并没有关联。

印度尼西亚中的"尼西亚"在希腊语中意为"岛(nèsos)",因此"印度尼西亚"表面的词义是"印度的岛国"。

400多年前,印度尼西亚是荷兰的殖民地,当时称为"东印度"。1945年宣布独立,1950年恢复国名为印度尼西亚共和国。

还有许多以尼西亚结尾的岛国或岛屿。例如密克罗尼西亚(Micronesia)、波利尼西亚(Polynesia)等等。其中密克罗(Micro)意为"小",而波利(Poly)意为"多"。

生活

为什么排行榜 **69** 位

193 人气值

蒙古的学生如何去上学？

蒙古，地处亚洲的高原国家。据说，很多学生要到离家很远的地方上学，那么他们是如何去上学的？

下列说法中，正确的是哪一个？

1 马。学生们骑马上学。

2 直升飞机。结伴乘坐直升飞机上学。

3 地下通道。当地的地下通道四通八达。

答案在下一页！

答案是

1 蒙古的学生骑马去上学。

蒙古草原上，居住着大量游牧民。对于他们而言，马就是他们的交通工具。据说，蒙古的小朋友从两三岁起就要学习骑马。

因此，离校较远的学生通常都骑马上学。

对于游牧民来说，马是不可或缺的牲畜。它不仅可以载人驮物，还是马奶等食物的重要来源。

蒙古包，形如帐篷。方便折叠搬运，适合在草原上游走居住。

国家不同，上学的方式也不尽相同。例如，荷兰、芬兰等国入冬以后，学生们可利用雪橇和溜冰鞋上学；而美国的小岛上，有些学生还要借助索道上学。

文化

194 人气值

苏格兰男人为什么穿裙子?

苏格兰位于英国北部。那里的男人也穿裙子。这究竟是怎么回事呢?

下列说法中,正确的是哪一个?

1 穿裤子时,打了败仗。

2 是传统的民族服饰。

3 古代信息的误传。

答案在下一页!

答案是 2

苏格兰男人所穿的裙子其实是一种传统服饰。

在苏格兰，男人们也会穿裙子。其实，这种裙子是苏格兰地区的传统服饰。虽然这种裙子在当时仅为日常服饰，但时至今日，只有在举行盛大仪式时才会穿着。不过，苏格兰男人所穿的裙子和女人的裙子并不相同，而是遵循传统将一块面料缠于腰间。

该传统服饰名为"基尔特"。而且依据传统，穿着苏格兰裙是不穿内裤的。

苏格兰裙及配饰。

"基尔特"用花呢制成，表面印有格子图案。根据家庭、身份的不同，格子的图案也有差异。

生活

196 人气值

为什么排行榜 **67** 位

松巴岛的屋顶上住着什么?

松巴岛是印度尼西亚的一个小岛。当地民居的屋顶尖而高耸,你知道里面住着什么吗?

下列说法中,正确的是哪一个?

1 神明。希望他们常在身边。

 2 家畜。猪、鸡、牛等。

3 蛇。可以吃掉毒虫。

答案在下一页!

答案是 1

松巴岛上高耸的屋顶是神明居住的地方。

印度尼西亚是东南亚的岛国,在其中一个名为松巴岛的小岛上,耸立着许多屋顶高达10余米的民居。据说屋顶上高耸的部分正是神明居住的场所。

这些神名为"马拉普",他们默默地守护着当地的居民。而高耸的屋顶内,摆放着祖先的祭坛和传家宝,据说这一信仰源自和祖先共同生活的理念。

人们住在架起的木板之上,而木板之下用来饲养家畜。

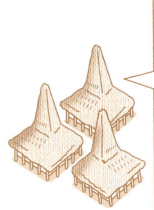

当地人认为马拉普居住于此,守护着全家。

巨石陵墓是松巴岛另一道独特的风景线。这些巨石不仅体积庞大,雕刻也极其精美,最大可高达5米。

世界遗产

197 人气值

安赫尔瀑布究竟神奇在哪儿?

安赫尔瀑布地处南美洲的委内瑞拉,因天下奇观而闻名于世。它究竟"奇"在哪儿呢?

下列说法中,正确的是哪一个?

1 飞流看上去像天使。

2 味道如果汁般甘甜。

3 瀑布会消失于半空中。

答案在下一页!

答案是 **3**

安赫尔瀑布会消失于半空中。

安赫尔瀑布地处南美洲的委内瑞拉,是世界上落差最大的瀑布。瀑布从海拔2500米的圭亚那高原飞流直下,最大落差可达979米,气势恢宏,景色壮观。

由于落差大,水流在飞泻过程中不断扩散,最终雾化成汽,消失于半空中。因此,与一般的瀑布不同,安赫尔瀑布的下方没有深潭。

由于安赫尔瀑布的景观独特,1994年,卡奈依马国家公园被列入《世界遗产名录》。

真的消失了耶!

安赫尔(Angel)瀑布虽以"天使(Angel)"命名,但和"天使"毫无关系。Angel实际上来自于美国探险家James Angel的名字,多亏他,安赫尔瀑布才走进了人们的视野。

文化

198 人气值

《佛兰德斯的狗》的故事发生在哪个国家?

儿童名著《佛兰德斯的狗》创作于1872年。该故事被日本拍成动画片后受到一致好评。你知道故事发生在哪里吗?

下列说法中,正确的是哪一个?

1 法国。

2 比利时。

3 美国。

答案在下一页!

答案是 2

《佛兰德斯的狗》的故事发生在比利时的佛兰德地区。

《佛兰德斯的狗》是英国女作家奥维达于1872年创作的文学作品。作品描绘了立志成为画家的少年尼洛和爱犬帕奇之间的感人故事。

故事的所在地为比利时的佛兰德地区。1975年《佛兰德斯的狗》被日本拍成动画片后,广受欢迎。有些日本人深受感动,于是前去比利时探访故事的所在地。据说,由于访客人数突增,比利时政府才急忙为尼洛和帕奇竖起了雕像。

尼洛和帕奇的雕像,位于比利时佛兰德地区的霍布肯村。

故事的主人公尼洛和他所崇拜的画家鲁本斯同为比利时人。时至今日,我们依然可以在坐落于安特卫普的圣母大教堂内欣赏到《上十字架》等鲁本斯的名作。

世界遗产

200 人气值

为什么排行榜 64 位

伊瓜苏大瀑布因何闻名于世?

伊瓜苏大瀑布位于阿根廷与巴西的交界处,你知道它因何闻名于世吗?

下列说法中,正确的是哪一个?

1 落差达2000米,一眼望不到底。

2 水流有时从下往上流。

3 宽达4000米,包含275股急流。

答案在下一页!

答案是 **3**

伊瓜苏大瀑布宽达4000米，包含275股急流。

　　位于阿根廷与巴西交界处的伊瓜苏大瀑布是世界上最宽的瀑布。它宽达4000米，包含275股急流。

　　"伊瓜苏"在当地语言中意为"伟大的水"。1984年，被联合国教科文组织列入《世界遗产名录》。

　　瀑布中一处名为"魔鬼喉"的喷口，落差高达82米，如果你够勇敢，可以乘船冲进瀑布。这里既好玩又刺激，让无数游客流连忘返。

275股急流汇集而成的大瀑布。

伊瓜苏大瀑布和位于加拿大与美国交界处的尼亚加拉瀑布（P178）、位于非洲赞比亚与津巴布韦交界处的维多利亚瀑布，并称为世界三大瀑布。

历史

201 人气值

为什么排行榜 **63** 位

秦始皇派人寻找的究竟为何物?

秦始皇统一六国后,曾派人寻找过一种东西。你能猜到是什么吗?

下列说法中,正确的是哪一个?

 不老不死的神药。

 洞见人心的眼药。

 可以使伤口立刻痊愈的创伤药。

答案在下一页!

答案是 1

秦始皇曾派人寻找过不老不死的灵丹妙药。

公元前221年,秦王平定内乱,统一六国,定国号为秦。然而身为九五之尊的他,却十分惧怕一件事——死亡。

一天,一位名为徐福的方士称:"海的对面有座蓬莱仙山,那里有不老不死的灵丹妙药。"闻此,秦始皇拨给徐福大量金银财宝,命他前去取药。不过,据说徐福以"海中有鲨,无法前去"等各种理由拖延。最终秦始皇也没能等到神药,49岁便驾鹤西去了。而秦朝也仅存续了15年。

公元:以耶稣诞生那一年为公元元年,之前的时期被称为公元前。
不过现在普遍认为耶稣出生于公元前4年。

秦始皇(公元前239—前210)

我不想死!去给我找药!

徐福以各种理由拖延,最终也没去找药!

方士,就是古代自称能访仙炼丹以求长生不老的人,泛指从事医、占卜、星相之类职业的人。

世界遗产

202 人气值

为什么印度国王会因修建宫殿而遭受惩罚?

故事发生在印度的莫卧儿帝国,国王沙贾汗惨遭儿子囚禁。这究竟是为什么呢?

下列说法中,正确的是哪一个?

1 为妻子建造的陵墓过于奢华。

2 民不聊生却建造别墅。

3 把宫殿错建在了敌国。

答案在下一页!

答案是 1

为妻子建造的陵墓过于奢华。

历时22年、于1653年完工、敬献给爱妻的陵墓，便是举世闻名的印度泰姬陵。它不仅是世界遗产中的经典之作，更是美轮美奂的建筑瑰宝。

下令建造泰姬陵的是莫卧儿帝国的国王沙贾汗。他十分宠爱自己的第二任妻子泰姬·玛哈尔，可惜自古红颜多薄命，玛哈尔年纪轻轻便离开了人世。沙贾汗悲痛万分，于是命人用白色大理石为爱妻修建陵墓。为了修建泰姬陵，国库耗尽，民不聊生。他的儿子便趁机夺取了皇位，并将他终身囚禁在城中一隅。

沙贾汗守望着泰姬陵终其一生。

囚禁沙贾汗的阿格拉堡与泰姬陵隔河相望。于是，沙贾汗每日守望着泰姬陵，回忆着与妻子的点滴过往，直到生命的终点。

文化

204 人气值

为什么排行榜 **61** 位

为什么尼泊尔的国旗呈锯齿状?

尼泊尔位于印度北侧,它的国旗并非方形,而是两个三角形。你知道这是为什么吗?

下列说法中,正确的是哪一个?

1 风大,这样的国旗不容易坏。

2 代表山,山是尼泊尔的象征。

3 节省珍贵的布料。

答案在下一页!

答案是

2

国旗的形状代表山峰，而山峰是尼泊尔的象征。

尼泊尔是内陆山国，北邻中国，位于喜马拉雅山脉南麓，著名的珠穆朗玛峰在中国与尼泊尔的交界处。珠穆朗玛在尼泊尔被称为"萨加玛塔峰(Sagarmatha)"，意为"世界屋脊"。可以说，山峰就是尼泊尔的象征，因此国旗也采用了代表山峰的三角形。

此外，上面三角形内的图案为月亮和星星，是皇室的象征。下面三角形内的图案为太阳，是尼泊尔拉纳家族的象征。

尼泊尔国旗。旗边为蓝色，旗面为红色。

喜马拉雅山脉上，海拔超过8000米的山有10座，超过7000米的山有40余座。

尼泊尔（Nepal），意为"山麓"。2008年，君主制被彻底废除，宣布成立尼泊尔联邦民主共和国。

番外篇 世界 No.1 大问答

世界之大，无奇不有。
让我们看看那些世界之最吧！

1

世界上人口最多的国家是？

2

世界上面积最大的国家是？

3

世界上面积最小的国家是？

4

世界上人口密度最大的国家是？

5

国旗最古老的国家是？

6

世界上最早迎接日出的国家是？

答案在下一页！

答 案

1 中国

2016年底，中国的人口总数达138271万，居世界第一。不过，随着印度人口总数的不断攀升，预计将来可能超过中国，成为世界上人口最多的国家。

2 俄罗斯

俄罗斯的国土面积约为1700万平方公里，占全世界陆地面积的1/10。其次是加拿大，中国排第三。

3 梵蒂冈

梵蒂冈，位于意大利首都罗马西北部的主权国家，面积为0.44平方公里，大小相当于东京迪士尼乐园。天主教会的中央行政机构——罗马教廷大部分机构坐落其中。

4 摩纳哥

人口密度，即每平方公里的土地上居住的人口数量。摩纳哥地处欧洲，濒临地中海。2平方公里的土地上竟居住着3万多人。人口密度高达每平方公里18700人。

5 丹麦

丹麦国旗又称为"丹尼布洛"（丹麦语：Dannebrog，意为"丹麦人的力量"），它的历史可追溯至1219年，是世界上最古老的国旗。

旗底为红色，旗面上有白色十字。

6 汤加

汤加位于南太平洋西部，国际日期变更线西侧，有"日出之国"之称，能够见到每天最早的日出。

世界 No.1 大问答

让我们看看世界上最高的山、最长的河、最深的湖都在哪里吧？

1
世界上最高的山峰是？

2
世界上最长的河是？

3
世界上面积最大的湖是？

4
世界上流域面积最广的河是？

5
世界上最深的湖是？

6
世界上最大的沙漠是？

答案在下一页！

答 案

1 珠穆朗玛峰

位于中国与尼泊尔的交界处,我国测量的岩面最高处有8844.43米。

2 尼罗河

尼罗河是一条流经非洲东部与北部,自埃及向北注入地中海的河流,全长6670公里。

3 里海

虽名为里海,却是世界上最大的咸水湖,面积达386000平方公里,位于中亚和东欧之间。

4 亚马孙河

所谓流域面积,是指河流的干流和支流所流经的范围。流经南美洲的亚马孙河流域面积达691.5万平方公里,居世界首位。

5 贝加尔湖

贝加尔湖位于俄罗斯,狭长弯曲,最深处可达1637米,是世界上最深的淡水湖。湖内生存着鲟鱼、贝加尔海豹等许多珍稀物种。

6 撒哈拉沙漠

位于非洲北部,东西长约4800公里,南北宽约1800公里,总面积约为906万平方公里,相当于非洲大陆的1/3。

世界遗产

205 人气值

为什么排行榜 60 位

为什么要修筑万里长城？

在中国，有一条绵延万里的城墙，人们称之为"万里长城"。不过，你知道修筑长城的目的是什么吗？

下列说法中，正确的是哪一个？

1 为了炫耀国力。

2 为了防止敌人入侵。

3 为了防止百姓外逃。

答案在下一页！

答案是 2 为了防止北方的敌人入侵。

万里长城，东起渤海之滨，延至西北内陆，由于年代久远，保存比较完整的是明代修筑的长城，我们一般说长城的长度就是指明长城的长度，全长8851.8公里。修筑长城的主要目的在于防止北方的敌人入侵。

公元前221年，秦始皇统一了六国。在此之前，中国四分五裂，战乱不断。然而，当时北方地区的胡人骑马善射，骁勇善战。为了防止他们的入侵，秦始皇下令修筑长城。据说，在此之前各地已有多处城墙，在秦始皇的命令下才被修缮、连接在了一起。以后，各个朝代都会修筑长城。

今天我们看到的万里长城为600年前修缮、改建后的模样。秦始皇时期的长城位置略微靠北。1987年，长城被列入《世界遗产名录》。

生活

207 人气值

为什么排行榜 **59** 位

"红灯、绿灯、小白灯"的游戏在美国的口令是?

"红灯、绿灯、小白灯"是经典的儿童游戏。在美国,有没有类似的游戏呢?如果有,口令又是什么?

下列说法中,正确的是哪一个?

1 "绿灯……红灯"

2 "提线……木偶"

3 美国没有类似的游戏。

答案在下一页!

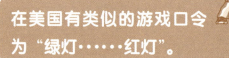

答案是 1：在美国有类似的游戏口令为"绿灯……红灯"。

"红灯、绿灯、小白灯"是一款经典游戏。当喊口令的人回头时,其他人都要保持不动。许多国家都有类似的游戏,只不过喊的口令各不相同。

比如在美国,一个人喊"Green light……Red light(绿灯……红灯)",然后迅速转身,看谁在动。

而韩国的游戏口令是"木槿花……开放了",日本则是"不倒翁……跌倒了",法国则是"1、2、3……太阳"。更有意思的还要数土耳其,他们的口令是"老爷爷上了船,在伊斯坦布尔……下船啦"。

每个国家都有自己的游戏口令。下图为美国的游戏口令。

在中国还有一个与"红灯、绿灯、小白灯"类似的游戏,口令是"我们都是木头人,不许说话不许动,不许走路不许笑!"

世界遗产
208 人气值

为什么排行榜 58 位

巨石阵究竟为何物?

英国的索尔兹伯里平原上,矗立着多根巨型石柱。它究竟由谁所建,又为何而建呢?

下列说法中,正确的是哪一个?

1 古代巨人族的游戏道具。

2 太空坠落的陨石。

3 古代人的日历。

答案在下一页!

答案是 **3**

巨石阵充当了古代人的日历。

在英国伦敦西南方向的平原上，矗立着多根巨型石柱。如果算上埋在地下的部分，石柱的高度可达10米。这些石柱就是索尔兹伯里巨石阵，1986年被联合国教科文组织列入《世界遗产名录》。这些巨型的石头究竟是如何搬运而来，又是如何搭建起来的呢？时至今日人们也无法给出答案。

随着研究的深入，一些考古学家认为巨石阵就是古代人的日历。通过石门和太阳的位置关系，人们可以判断出春分、秋分等节气。但是，也有科学家认为是祭坛、贵族墓地，或者疗养中心，说法不一。

巨石凹凸契合，因此牢固稳定。

巨石阵呈圆形，直径可达百米。

通过对石头年代的调查，考古人员发现，巨石阵的建造可能分为三个阶段。不过，究竟为什么要花费如此长的时间建造这个庞然大物，至今仍是一个谜。

世界遗产

209 人气值

纳斯卡线条，究竟为何所画？

从空中俯瞰纳斯卡谷地（南美洲秘鲁），你会发现多幅巨型图案。你知道这是什么人，为什么所画吗？

下列说法中，正确的是哪一个？

1 外星人登陆地球的遗迹。

2 古代纳斯卡人的道路。

3 古代人联络外来文明的标记。

答案在下一页！

答案是

2 线条是古代纳斯卡人求雨时的行进路线。

纳斯卡线条，位于南美洲安第斯山脉附近的平原地区。这里分布着多幅几何图形、动植物图案。长期以来，没有人意识到纳斯卡线条的存在，直到飞机的问世，这一世界奇观才被世人所知。1994年，纳斯卡线条被列入《世界遗产名录》。

根据考古推算，这些图案出现于2200~1200年前。由于所有的图案均为连续的线条，因此人们普遍认为纳斯卡线条就是古代的道路。另外，纳斯卡地区很少降雨，因此线条极有可能是求雨时的行进路线。但是，也有一些其他的推测，还没有定论。

形如蜂鸟的巨型图案。约百米见方。

在纳斯卡谷地，人们还发现了小型图纸以及打桩的遗迹。人们先将绳子绑在木桩上，再根据图纸作画也不是没有可能的。

文化

210 人气值

为什么意大利面是黄色的?

意大利位于欧洲南部,毗邻地中海。
当地百姓非常喜爱意大利面、通心粉等"pasta(意式面食)"。
中国的面条是白色的,为什么意面是黄色的?

下列说法中,正确的是哪一个?

1 因为面粉中加入了黄油。

2 为了与中国面条区别,加入的颜色。

3 制作意面的面粉本来就是黄色的。

答案在下一页!

意大利面是由硬质杜兰小麦制成的,本身就是黄色

"pasta(意式面食)",就是我们耳熟能详的意大利面、通心粉等食物的统称,其主要食材是小麦粉。

杜兰小麦是制作意大利面的专属小麦。这种小麦筋度很高,是硬质小麦,研磨为面粉后是金黄色的,所以意大利面也是黄色的。

意式面食

中国的面条

意大利面的形状有很多种,宽面、细面、通心粉、螺旋面,还有蝴蝶面,既好吃又好看。

生活

212 人气值

为什么排行榜 **55** 位

巴黎对洗晒衣物有哪些规定？

据说法国的巴黎对晾洗衣物也有明文规定，你知道是什么吗？

下列说法中，正确的是哪一个？

1 严禁在窗外晾晒衣物。

2 严禁使用化学洗剂。

3 为了省电，每天只能洗一次衣服。

答案在下一页！

答案是

1 在窗外晾晒衣物将会收到罚单。

巴黎的街景，美丽如画。为了保护城市美景，法律明确规定严禁在窗外晾晒衣物，当然也包括被褥。

另外，如果家中晾晒的衣物飞出了窗外，衣物的所有者也将受到处罚。相反，路人踩踏衣物甚至拿走衣物均属无罪。

据说，为了保护城市景观，除了巴黎，欧洲北部的许多地区也有类似的规定。

巴黎的街景。为保护城市美景，当地政府不遗余力。

巴黎从古至今都非常重视建筑物的和谐。巴黎圣母院大教堂落成后，按照当时的规定，任何建筑物都不得超过它的高度。

谜题

213 人气值

泰坦尼克号因何沉入大西洋？

1912年，泰坦尼克号豪华邮轮沉入大西洋，本次海难共造成1500余人丧生。你知道泰坦尼克号沉船的原因吗？

下列说法中，正确的是哪一个？

1 由于客人的行李超重。

2 和低空飞行的飞机发生了碰撞。

3 撞击冰山导致船体破损。

答案在下一页！

答案是

3

撞击冰山导致船体破损，泰坦尼克号最终沉入大西洋。

1912年4月15日凌晨，一艘从英国驶向美国纽约的豪华邮轮，途经大西洋时，不幸与冰山相撞，导致船体破损，约3小时后沉入大西洋。这就是历史上著名的大海难——泰坦尼克号事件。

据说，当时浮出水面的冰山仅有20米，但水下的冰体却是上面的10倍。虽然泰坦尼克号看似坚不可摧，但面对如此大的冲击，还是"单薄"了一些。

由于当时的海水温度仅有-2℃，因此大部分人落水后，20分钟内就命丧黄泉了。

泰坦尼克号，当时世界上最大的客轮。

据说事故当晚，天黑雾重，视野不佳。另外，船体所使用的钢材由于低温变脆也可能是事故发生的原因之一。

历史

214 人气值

为什么排行榜 **53** 位

凯旋门为何而建？

法国巴黎，有一座雄伟的大门，名为"凯旋门"。你知道它为何而建吗？

下列说法中，正确的是哪一个？

1 为纪念战争胜利而建的大门。

2 由教会所建，通往天堂的大门。

3 由科学家所建，通往异次元的大门。

答案在下一页！

答案是

1

为纪念战争胜利，拿破仑下令建造凯旋门。

凯旋门，位于法国巴黎的戴高乐广场中央，正式名称为"星形广场凯旋门"。巴黎市区的街道均以凯旋门为中心，向四周辐射。

1806年，拿破仑下令建造此门。然而这一期间，拿破仑却惨败于俄国战场，之后又败给了周边诸国组成的联合军队，最终被流放到了厄尔巴岛。

由于拿破仑的败北，凯旋门曾中途辍止。后来，在查尔斯十世的命令下才得以重新开工。历经30年，凯旋门终于展现在了世人面前。

巴黎的凯旋门。

拿破仑军队的制服样式。

拿破仑·波拿巴（1769—1821）。法兰西帝国的缔造者，"法国人的皇帝"。

古罗马时期，为了纪念战争胜利，也会建造凯旋门。巴黎的凯旋门高约50米，宽约45米，厚约22米，且可以进入建筑内部。

历史

215 人气值

为什么排行榜 **52** 位

伽利略因何被捕入狱？

伽利略·伽利雷（1564—1642），是意大利著名的科学家。

下列说法中，正确的是哪一个？

1 阐述了与教会不同的观点。

2 发表了伪科学言论。

3 公开嘲笑他人。

答案在下一页！

答案是 1

伽利略因阐述与教会不同的观点被捕入狱。

众所周知，地球一边自转，一边围绕太阳进行公转，这就是所谓的"日心说"。不过在当时的欧洲，势力庞大的教会却坚持"地心说"，即"地球不动，太阳、星星等天体围绕地球转动"。因此，公开宣传"日心说"的伽利略被迫接受了教廷的审判。

审判的结果当然是否认"日心说"。当时，伽利略年事已高，无奈之下他只好接受判决。不过老人家嘴里依然嘟囔着"就是地球在转！"

据说，当时69岁的伽利略如果不承认"地心说"就会被处以死刑。

按照教会的观点，星星和月亮均为表面光滑的球体。但伽利略通过望远镜发现，月球的表面其实凹凸不平。

历史

216 人气值

为什么排行榜 **51** 位

困扰贝多芬的是什么疾病?

据说,贝多芬曾因某种疾病几欲轻生,你知道是什么疾病吗?

下列说法中,正确的是哪一个?

1 眼病。无法看清乐谱。

2 手指疾病。无法弹钢琴。

3 耳病。无法听到声音。

答案在下一页!

答案是 **3** 贝多芬因听力问题备受煎熬。

贝多芬是德国著名的作曲家（1770—1827），他非常努力，25岁时已小有成就。然而他的听力却日渐衰弱。对于音乐家来说，听不到声音是多么可怕的事情啊！贝多芬也曾想到过死。然而，对于艺术的执着让他重新站了起来。他用牙齿咬住木棍，将另一端顶在钢琴上面，通过振动来感受每一个音符。终于，贝多芬凭借坚强的意志，创作出了许多名曲。

贝多芬指挥《第九交响曲》时，耳朵已经完全失聪。

与以往娱乐性的音乐相比，贝多芬的作品更具故事性，因此贝多芬又被尊称为"乐圣"，他的作品也对年轻的音乐家们产生了巨大的影响。

为什么排行榜 **50** 位

217 人气值

曼基康猫原产自哪国？

曼基康猫又名"短腿猫"，比较少见，因可爱的形象广受欢迎。

下列说法中，正确的是哪一个？

1 21世纪的中国。

2 20世纪80年代的美国。

3 19世纪的德国。

答案在下一页！

答案是

2 曼基康猫诞生于20世纪80年代的美国。

曼基康猫,四肢短小,身高(站立时背部距地面的高度)约为15~25厘米,体重约为2~4公斤。

20世纪80年代初,在美国的路易斯安那州,人们在卡车下面发现了这种短腿猫。由于它小巧可爱,在人工的培育下得以大量繁殖,慢慢地便诞生了"曼基康"这一新品种。

曼基康(munchkin)猫也称曼切堪猫。"munchkin"意为"小巧玲珑、狼吞虎咽的家伙"。

可爱的短腿野猫在人工的培育下大量繁殖。

狗狗中也有一种短腿的小型犬——柯基犬。虽然与曼基康猫外形相似,却毫无关系。

生活

219 人气值

突尼斯地面上的凹坑究竟是什么?

在非洲的小国突尼斯,有些地方地面上分布着许多直径和深度约为10米的凹坑。你知道这些凹坑是用来干什么的吗?

下列说法中,正确的是哪一个?

 捕捉大型动物的陷阱。

 地下的房屋,就像蚂蚁的巢穴。

 勘探石油后留下的凹坑。

答案在下一页!

答案是

2 这些凹坑是当地居民的房屋。

在非洲的小国突尼斯,有一个名为马特马他的村庄。那里分布着许多直径约为10米的凹坑。其实这就是当地的柏柏尔居民居住的穴居,在纵深10米的地下既有可通行的道路,也有可居住的房间。

人们之所以选择这种居住方式主要与当地恶劣的气候有关。因为地下的穴居内,全年的温度相对舒适。因此当地居民纷纷挖地建房。另外,由于当地少雨,加之穴居内拥有良好的排水设施,人们完全不必担心水患。

如今,在政府的帮助下,多数居民都搬到了新区,地下穴居便成为了临时宾馆,供游客们观光使用。

养殖家畜。　有多个房间。

马特马他还是《星球大战》中主人公少年时期居住地的拍摄场所。

文化

220 人气值

巴拉圭的国旗有何特殊之处?

巴拉圭位于南美洲,其国旗与众不同。
你知道它有何特殊之处吗?

下列说法中,正确的是哪一个?

1 不是方形,而是圆形。

2 正反面的图案不同。

3 国旗的材质不是布,而是木板。

答案在下一页!

答案是

2 巴拉圭国旗的正反面图案不同。

世界上只有巴拉圭的国旗正面和反面的图案不同。

巴拉圭的国旗由红、白、蓝三色横条组成，中间有徽章。如果去掉中间的徽章，巴拉圭的国旗和荷兰的国旗就非常像了，因此徽章必不可少。不过，更有意思的是，国旗正反面的徽章居然不同。有黄色星星的为国徽，该面为国旗的正面，黄色的星星名为"五月之星"，是纪念巴拉圭5月独立。背面的徽章为财政部印玺，由一顶帽子和一头狮子组成。帽子代表自由，而狮子代表自由的守护者。

背面徽章上的帽子为"自由之帽"。据说在1200年前的罗马帝国，获得自由的奴隶会得到一顶帽子，因此帽子便成为了自由的代名词。

谜题

221 人气值

为什么排行榜 **47** 位

布罗肯山上的妖怪是什么？

据说，许多登山爱好者都曾在德国的布罗肯山遇到妖怪！不过，所谓的妖怪其实是……？

下列说法中，正确的是哪一个？

1 登山者的身影。

2 错觉，其实是大个的松鼠。

3 生活在山里面的大熊。

答案在下一页！

答案是

1 布罗肯山上的妖怪，只不过是自己的身影。

　　布罗肯山是德国哈茨山脉的最高点，同时，这里也是民间传说的舞台。据说，许多登山者都曾在此遇到妖怪。其实那只不过是一种光学现象，即"布罗肯现象"。

　　所谓"布罗肯现象"，简单来说就是自己的身影被放大后映在雾气上的现象。当我们站在雾气浓重的山顶，太阳光经身后向前照射时，便会产生该现象。我们常说的"雾"，其实是悬浮于空气中的小水滴，在它的作用下光线会发生衍射与干涉，形成类似于彩虹的光环。当然，如果一个人独自登山，再加上不了解这种现象，难免会被吓一跳。

太阳光从较低位置射向人的背部时，前方的雾气上便会出现自己的身影。

雾气中的小水滴，把光线射向四面八方，因此出现了光环现象。

"布罗肯现象"并非只出现在布罗肯山，只要条件具备，任何地方都可以出现此现象。在我国，这种现象类似于"佛光"。

生活

222 人气值

为什么排行榜 **46** 位

玩具贵宾犬原产于哪里?

娇小可爱的玩具贵宾犬拥有超高人气。不过,你知道它原产于哪国吗?

下列说法中,正确的是哪一个?

1 亚洲,可能是中国的皇室。

 2 美洲,大概是加拿大。

3 欧洲,可能在法国。

答案在下一页!

答案是 **3**

玩具贵宾犬原产于18世纪的欧洲。

　　玩具贵宾犬（toy poodle）是一种身高（站立时背部距地面的高度）为26~28厘米、体重约为3公斤的小型犬。玩具贵宾犬的祖先为体型庞大的贵宾犬，在人们的挑选、培育下逐渐演变出了小型品种。其中toy意为"玩具"。

　　贵宾犬起源于欧洲，尤其受到法国人的喜爱。据说在500年前的法国，贵宾犬曾是上流社会和宫廷贵人的宠物。直到18世纪，玩具贵宾犬才出现在大众面前。

帮狗狗修剪毛发，对于主人来说也是一种乐趣吧。

　　poodle这一名称源于德语的"Pudel"，而"Pudel"有"溅起水花"之意，要知道贵宾犬的祖先可都是游泳健将哦！

谜题 **45**位

223 人气值

为什么珠穆朗玛峰上有贝类化石？

珠穆朗玛峰是世界上海拔最高的山峰，然而人们却在上面发现了贝类化石。你知道这是为什么吗？

下列说法中，正确的是哪一个？

1 远古时期，珠穆朗玛峰还处在海底。

2 远古时期，人们将食用后的贝壳扔在了这里。

3 古时候，珠峰上有水池，池中有贝类生存。

答案在下一页！

答案是 1

远古时期，珠穆朗玛峰还处在海底，因此山顶留有贝类化石。

喜马拉雅山脉的主峰——珠穆朗玛峰是世界上最高的山峰，海拔为8848.86米。通过对山顶石样的研究，人们发现这些岩石竟是3000万~2000万年前形成的海相沉积岩。所谓海相沉积岩，就是流入海底的砂石经长时间挤压后形成的岩石，因此珠峰上存在贝类化石当然就不足为奇了。

约6000万年前，印度洋板块和亚欧板块逐渐靠近，两大板块的碰撞引起了地壳上升，在千百万年风雨的侵蚀下，终于形成了如今巍峨险峻的喜马拉雅山。

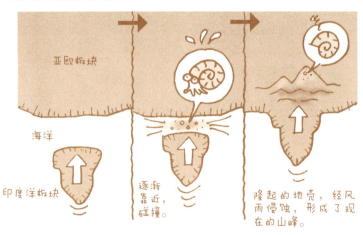

随着大陆板块的移动，陆地的位置和形态也会发生改变。据卫星观测，许多陆地每年都会有几厘米的位移。

世界遗产

224 人气值

为什么排行榜 **44** 位

金字塔和狮身人面像，哪个历史更悠久？

金字塔和狮身人面像是古埃及文明的象征，不过你知道哪个历史更悠久吗？

下列说法中，正确的是哪一个？

 狮身人面像的历史更悠久。

 金字塔的历史更悠久。

 同样悠久。建于同一时期。

答案在下一页！

答案是 **1**

狮身人面像的建造时间应早于金字塔。

坐落于吉萨金字塔前的狮身人面像,头部为人(埃及国王),身体为狮,尾巴为牛,全长约73米,高约20米,在所有的狮身人面像中体积最大,历史最悠久。

据推测,金字塔约建于4500年前,而狮身人面像的建造年代更加久远。

这是因为,狮身人面像下部有雨水侵蚀的痕迹,而金字塔没有。根据对地质构造的研究,人们普遍认为狮身人面像的建造年代应更加久远。

吉萨金字塔前方的狮身人面像。

金字塔由石块堆砌而成,而狮身人面像由巨石雕刻而成。两者均为世界文化遗产。

历史

226 人气值

特洛伊木马是如何打败敌人的?

在古希腊的传说中,希腊联军曾利用巨型木马打败了特洛伊人。这究竟是怎样一场战役呢?

下列说法中,正确的是哪一个?

1 利用巨型木马,冲散了敌人的骑兵。

2 利用巨型木马引诱敌人,再从后方进攻。

3 士兵藏在巨型木马内潜入敌营。

答案在下一页!

答案是 3

士兵藏在巨型木马内潜入敌营。

约3200年前,古希腊和特洛伊间爆发了一场长达10年的战争。为了击败特洛伊,希腊联军利用巨型木马发动了一次奇袭。

一天,希腊全军撤退,海滩上只留下一匹巨型木马。特洛伊人误以为希腊全军溃逃,兴奋不已。于是将巨型木马作为战利品运回城内,而后饮酒作乐。当特洛伊的士兵酒意正浓时,藏在木马内的50名希腊士兵发动突然袭击,里应外合将特洛伊彻底摧毁。

该典故名为"特洛伊木马屠城计",出自古希腊诗人荷马的叙事性长篇史诗《奥德赛》。

文化

227 人气值

古埃及人为什么要将尸体制成木乃伊？

在古埃及，人死后尸体既不烧也不埋，而是干燥后制成木乃伊。你知道这是为什么吗？

下列说法中，正确的是哪一个？

1 为了看上去依然活着。

2 死者灵魂的居所。

3 吓唬坏人，守护房宅。

答案在下一页！

答案是

2 古埃及人认为灵魂不会死，所以把尸体制成了木乃伊。

在距今5000~4000年的古埃及，当地百姓认为人死后灵魂并不会死去。如果肉体保存完好，逝者可得到永生。因此，古埃及人通过干燥的方法尽量使尸体保存完好，这便是我们所说的"木乃伊"。

古埃及人制作木乃伊时，首先会取出内脏和骨髓，再用防腐溶液涂抹进行干燥，最后依次填充内容物、整理好形状、用布带包裹。制作一具木乃伊大约需要70天的时间。

内脏从腹部取出，但心脏仍保留其中。

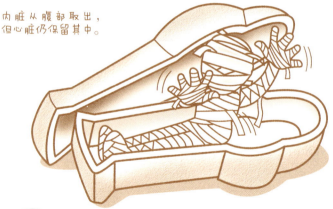

埃及木乃伊是世界上最著名的木乃伊，但并非所有木乃伊都用布带包裹。据说，在南美洲的安第斯地区、中国、日本也发现了不同类型的木乃伊。

文化

228 人气值

番茄节上人们扔的是真番茄吗?

西班牙的东部小镇,每年都会举行番茄节,节日当天人们互扔番茄!是真的吗?

下列说法中,正确的是哪一个?

 1 扔的就是真番茄。

 2 扔的是红色颜料。

 3 不是扔番茄,是吃番茄。

答案在下一页!

答案是

1

番茄节上人们互扔的可是货真价实的番茄。

每年8月的最后一个星期三,西班牙东部的布尼奥尔小镇都会举办番茄节。这个传统从1945年就有了。

节日当天,小镇的居民和世界各地的游客都会聚集于此,拿起番茄扔向对方。不过究竟因何而起却不得而知。布尼奥尔的番茄节曾停办过多次,但应当地居民的强烈要求,现已成为了必不可少的特色节日。

每年当地居民都翘首企盼番茄节的到来。

一些人身穿泳装,这样就不怕沾满番茄汁了!

满载番茄的大卡车驶入指定区域后,人们的热情也随之点燃。眨眼间,街道、建筑、行人都被染成了番茄的颜色,一个小时后,"番茄大战"宣告结束。

番外篇 人的世界

No.1 大问答

世界之大，无奇不有。
让我们继续领略世界上的自然之最吧！

1
世界上面积最大的岛屿是？

2
世界上海水最深的地方是？

3
世界上最大的珊瑚礁群是？

4
世界上最大的单体岩石是？

5
人类的祖先最早诞生于哪里？

答案在下一页！

答 案

1 格陵兰岛

格陵兰岛位于北冰洋和大西洋之间,大部分被冰层覆盖。该岛面积约为216万平方公里,是日本国土面积的6倍。目前设有内部自治政府。

2 斐查兹深渊

斐查兹深渊是马里亚纳海沟的最深处,距海面约为10911米,即便把珠穆朗玛峰(P56)倒插在海中,它的顶峰也够不到渊底。

3 大堡礁

大堡礁是澳大利亚东岸的巨型珊瑚礁群。面积达20.7万平方公里。1981年被列入《世界遗产名录》。

4 艾尔斯岩石

艾尔斯岩石位于澳大利亚西部,底座周长约为9.4公里,岩石高约348米,是世界上最大的单体岩石。

5 非洲大陆

人类的祖先起源于20万~10万年前的非洲大陆。约7万~6万年前,数百人从非洲大陆向世界各地迁移。

番外篇 — 人的世界

No.1 大问答

世界之大,无奇不有。
接下来让我们看看世界上有哪些极端的天气吧!

1

世界上最热的地方是?

2

世界上最冷的地方是?

3

世界上年降雨量最多的地方是?

4

世界上年降雨量最少的地方是?

5

世界上积雪最厚的地方是?

6

世界上最大的冰雹曾降于?

答案在下一页!

答 案

1 达什特娥孛（伊朗）

2005年美国国家航空航天局监测到其地表温度达70.7℃，成为了世界上最热的地区。

2 一座无名高山（南极）

南极高原阿尔戈斯冰穹和富士冰穹之间的一座高山脊，-93.2℃，打破了1983年沃斯托科考站-89.2℃的纪录。

3 乞拉朋齐（印度）

乞拉朋齐位于印度东北部，年降雨量曾高达26461毫米（1960年8月~1961年7月）。

4 阿塔卡玛沙漠（南美洲）

世界上的"极干"之地，年平均降水量少于0.1毫米，曾创下了91年无降水的记录。

5 南极冰盖（南极）

世界上积雪最厚的地方就是南极，南极大陆上的冰盖厚约4300米，常年不融化，已经存在了至少500万年了。

6 堪萨斯（美国）

冰雹，指从云层中降落的直径超过5毫米的冰粒。现在公认的最大冰雹曾降于美国堪萨斯州，比成人的拳头大一些。

文化

230 人气值

万圣夜为什么要做南瓜灯？

10月31日是西方人的传统节日——万圣夜。
近些年，受西方文化的影响，
我们也会在这一天举行庆祝活动。

下列说法中，正确的是哪一个？

1 南瓜易存放，寓意好。

2 庆祝丰收，向神明表示感谢。

3 形如人脸，惹人喜爱。

答案在下一页！

答案是 2

为了庆祝丰收，用南瓜作为装饰，向神明表示感谢。

万圣节起源于凯尔特人的庆祝活动。凯尔特人是生活在英国北部的原住民，他们认为每年的11月1日是新年伊始。这天，凯尔特人会庆祝丰收，向神明表示感谢。

据说10月31日，即庆祝活动的前一天，亡灵会返回故土，因此大人们让小孩扮成鬼怪，以免恶灵靠近。后来，该活动被基督教吸收、改造，并在各地广为流传。150年前，英国人开始使用蔬菜制作鬼灯，由于南瓜最适于雕刻人脸，因此成为了万圣夜的"萌宠"。

小孩们会去邻居家索要糖果，并扬言"不给糖就捣乱"。

万圣节（11月1日）是基督教的大型节日。万圣节的前一天，即10月31日晚则被称为"万圣夜（Halloween）"，是西方国家小朋友最喜爱的节日之一。

文化

231 人气值

为什么排行榜 **39** 位

摩纳哥和印度尼西亚的国旗为何如此相似?

摩纳哥和印度尼西亚两国的国旗均由红、白两色构成。它们为何如此相似呢?

下列说法中,正确的是哪一个?

1 古时候,两国交好,因此采用了同样的国旗。

2 摩纳哥是从印度尼西亚独立出去的国家。

3 纯属巧合。

答案在下一页!

答案是

3 设计理念完全不同，但图案却惊人相似。

印度尼西亚人认为红色代表勇敢和正义，白色代表自由、公正和纯洁，因此1945年印度尼西亚宣告独立以后，当即决定使用红白两色的国旗。

不过，摩纳哥早在1881年就确定了国旗的图案。1297年，格里马尔迪家族开始了对摩纳哥王国的统治，由于格里马尔迪家族的传统颜色为红白两色，摩纳哥的国旗也理所当然地采用了这两种颜色。

据说，摩纳哥曾要求印度尼西亚使用其他图案，但印度尼西亚也确有自己的理由，因此世上才出现了如此相似的国旗。

也有人认为，印度尼西亚国旗上的红色代表了象征活力的鲜血。

印度尼西亚　　摩纳哥

其实，印度尼西亚国旗的长宽比为3∶2，而摩纳哥国旗的长宽比为5∶4，这是两者的不同之处。

 文化

232 人气值

英国国旗的图案代表了什么？

英国的国旗由横、竖、斜三种条纹构成。你知道其中的含义吗？

下列说法中，正确的是哪一个？

1 代表构成英国的三大地区。

2 代表太阳的光辉。

3 代表射箭的靶子。

答案在下一页！

答案是 **1**

英国国旗的图案代表了构成英国的三大地区。

英国的国旗诞生于1801年,由爱尔兰、英格兰以及苏格兰三地的十字旗重叠而成。白底红色交叉十字旗原为爱尔兰的国旗,蓝底白色交叉十字旗原为苏格兰的国旗,而白底红色正十字旗原为英格兰的国旗。

英国,全称为大不列颠及北爱尔兰联合王国。大不列颠岛是英国东部的岛屿,包括了英格兰、苏格兰和威尔士。

英格兰

苏格兰

爱尔兰

此外,国际足联举办世界杯时,英格兰和苏格兰也均以独立会员的身份参加比赛。

谜题

234 人气值

为什么排行榜 **37** 位

死海为什么叫"死"海?

死海地处西亚,名虽为海,实则为湖。
不过,你知道为什么要用"死"这么恐怖的字眼来命名吗?

下列说法中,正确的是哪一个?

1 湖水极深,有进无出。

2 地处沙漠,遍地尸体。

3 盐分极高,动植物难以生存。

答案在下一页!

答案是

3 水体盐分极高,动植物难以生存。

死海位于以色列、巴勒斯坦和约旦的交界处,四周群山环绕。死海,名虽为海,实际上却是一个咸水湖。死海中水体的盐分相当于普通海水的8.6倍,几乎达到了饱和值。因此,即便跳入其中,身体也不会下沉。不过,由于水体的盐分极高,动植物难以生存,"死海"由此得名。

死海的成因可归结为以下两点:一,有河流注入,但无河流流出,结果盐分越积越多;二,死海地处沙漠,光照强烈,水分蒸发得快,导致盐分越来越高。

死海为南北走向,呈细长条状,面积约1020平方公里。

死海地处内陆,距地中海约100公里。它的湖面比海平面还低400余米,是世界上最低的湖泊。

文化

235 人气值

毕加索的画作为何如此奇特？

毕加索是西班牙著名的画家，他为后人留下了许多新奇的画作。

下列说法中，正确的是哪一个？

1 勇于创新，敢于挑战。

2 为了使人大吃一惊。

3 为了让人开怀一笑。

答案在下一页！

答案是 1

毕加索勇于向旧画法发起挑战。

毕加索生于1881年,是西班牙著名的画家。虽然他的画作多以新奇著称,但也创作过多幅常规的画作。

失去亲友、濒临绝望时,毕加索的作品多用阴郁的蓝色(人称"蓝色时期"),陷入热恋时,则多用明快的颜色(人称"粉红时期")。26岁时,毕加索开始尝试新画作,人们称之为"立体主义",即将多个角度看到的图案集中于同一幅作品之中。

生命不息,挑战不止。毕加索走过了92个春秋,为后人留下了近4万件作品。

巴勃罗·毕加索（1881—1973,西班牙人）

毕加索一生创作的油画、素描、插画等作品约37000幅,其中版画约20000幅,是历史上少见的多产艺术家。

世界遗产

236 人气值

肯尼亚是什么的宝库?

肯尼亚位于非洲东部。当地的自然资源已被列入《世界遗产名录》。

下列说法中,正确的是哪一个?

1 沉睡在原始森林里的古代宝藏。

2 生活在当地的大型哺乳类动物。

3 埋藏于地下的钻石。

答案在下一页!

答案是 2

肯尼亚是大型哺乳类动物的宝库。

肯尼亚位于非洲大陆的东部。这里有一望无际的热带草原,有巍峨耸立的肯尼亚山(5199米,非洲第二高峰),还有被列入《世界遗产名录》的肯尼亚山国家森林公园。这里生活着非洲象、长颈鹿、斑马、狮子等许多只在动物园里才能看到的大型哺乳类动物。

虽然肯尼亚于1963年才摆脱英国的统治,宣告独立。但早在1949年,就已经建立了国家公园。由此可见,当地的自然资源是多么的珍贵啊!

萨王纳(Savanna),指干湿季对比非常明显的热带地区,乔木和草本植物较多。

肯尼亚山

赤道横穿肯尼亚,但由于地势较高,气候相对凉爽。在肯尼亚山国家森林公园,非洲象大都生活在高原地带。

文化

237 人气值

为什么排行榜 **34** 位

阿根廷国旗上的"太阳"代表着什么?

阿根廷的国旗上有一个酷似人脸的太阳,你知道它代表什么吗?

下列说法中,正确的是哪一个?

1 五月的太阳。战争胜利时,天空中出现了久违的太阳。

2 六月的太阳。代表梅雨时亦能放晴的强大。

3 七月的太阳。是百姓活力的象征。

答案在下一页!

答案是

1

战争胜利时，天空中出现了"五月的太阳"。

阿根廷地处南美洲，相对中国而言，正处于地球的另一端。16世纪中叶，阿根廷沦为了西班牙的殖民地。

1810年，阿根廷人揭竿而起，踏上了寻求解放的道路。最终，阿根廷取得了战争的胜利，当时正值阴雨连绵的5月，然而不知为何，天空中却出现了久违的太阳，人们高兴地称之为"五月的太阳"。从那时起，"五月的太阳"便成为了阿根廷的象征。因此，"五月的太阳"也理所当然地出现在了国旗之上。

而国旗上的蓝白两色，为独立战争时期阿根廷士兵军服的颜色。

战争胜利时，天空中出现的"太阳"成为了国家的象征。

阿根廷和乌拉圭历史上曾为一个国家。因此，乌拉圭的国旗上也印有和阿根廷相似的人脸太阳。

谜题

为什么排行榜 **33** 位

238 人气值

图坦卡蒙诅咒了什么?

图坦卡蒙是埃及第十八代法老。1922年,他的木乃伊被发掘后,发生了一连串骇人听闻的事件……

下列说法中,正确的是哪一个?

1 触碰宝物的人不能动弹。

2 参与挖掘的人死于非命。

3 陵墓被挖掘后,火山喷发、地震不断。

答案在下一页!

答案是 2 参与挖掘的人员接二连三地死于非命。

图坦卡蒙的陵墓位于埃及的帝王谷。1922年,由英国的卡纳冯伯爵和卡特博士率先发现。陵墓中除图坦卡蒙的木乃伊外,还藏有大量黄金面具等稀世珍宝。

二人为此兴奋不已。然而不到半年,卡纳冯伯爵却突发高热,暴病而亡。此后,多名参与挖掘的人员因事故死于非命,甚至连游客中也有人神秘死亡。

"图坦卡蒙的诅咒"似乎显灵了。一时间,街头巷尾议论纷纷。不过现代科学表明,这只不过是一系列偶然的事件。

死于怪病……
突发事故……
连宠物也要陪葬……
插画:MykReeve

图坦卡蒙,9岁登基,19岁去世,死于家族遗传病。

239 人气值

为什么科隆群岛上生活着许多珍稀物种?

科隆群岛地处南美洲,那里生活着许多珍稀物种。你知道这是为什么吗?

下列说法中,正确的是哪一个?

1 此地适合生存,动物聚集于此。

2 由动物爱好者收集而来。

3 岛屿环境不同,动物的进化也不同。

答案在下一页!

答案是 3 岛屿的环境不同,动物的进化也有所差异。

科隆群岛(Galapagos Islands)地处南美洲,是厄瓜多尔在太平洋上的火山群岛,由19个火山岛组成。由于长期以来没有人类打扰,这里保留了独特的原始风貌。1978年,科隆群岛被列入《世界遗产名录》。

科隆群岛干旱少雨,虽位于赤道,却凉爽干燥,气候独特。正是这种环境,让动物产生了相应的进化。例如,加拉帕戈斯象龟为了吃到比它还高的仙人掌,颈部变得很长。而弱翅鸬鹚,由于没有天敌,不需要飞行,翅膀逐渐退化,最终丧失了飞翔能力。

加拉帕戈斯象龟。体重可达300公斤。它的背甲酷似马鞍("马鞍"在西班牙语里称为Galapagos),科隆群岛又叫加拉帕戈斯群岛。

弱翅鸬鹚

1835年,英国的生物学家达尔文到访此岛。他发现,环境不同动物的形态也有所差异。在此基础上,达尔文发表了《物种起源》,并提出了举世闻名的进化论。

历史

241 人气值

阿兹特克帝国灭亡的原因是什么?

约700年前,位于墨西哥境内的阿兹特克帝国曾繁荣一时,然而1521年却突然走向了灭亡。你知道其中的原因吗?

下列说法中,正确的是哪一个?

 1 百姓逃到了适合生存的邻国。

 2 侵略者带入了病毒。

 3 发生蝗灾,导致粮食短缺。

答案在下一页!

答案是 **2**

外国侵略者带入天花病毒，阿兹特克帝国败不成军。

传说，阿兹特克人得到神的启示，如果一只鹰站在仙人掌上啄食一条蛇，那就是定居的地方。1325年，他们在特斯科科湖的两个岛上建立了特诺奇提特兰城，也就是现在墨西哥城的位置。

阿兹特克帝国非常富饶，充满了黄金和珠宝，文明也曾鼎盛一时，并且热爱暴力，擅长制作武器。而当时如此强大的帝国，西班牙人仅用3年的时间就将其攻陷，为什么呢？考古学家们有许多猜测，其中比较可靠的推测是西班牙人将天花病毒带入了阿兹特克帝国。阿兹特克人没有得过天花，没有抵抗力，病毒很快蔓延，造成了灭国的惨剧。

阿兹特克帝国的征服者——科尔特斯。

来者何人？

由于科尔特斯破坏当地文明，大肆掠夺宝物，奴役当地百姓，政治上饱受诟病的他不久便被西班牙传唤回了国内。

世界遗产

为什么排行榜 30 位

242 人气值

吴哥窟是什么地方?

157年前，人们在柬埔寨的热带雨林中发现了吴哥窟。你知道吴哥窟是什么地方吗?

下列说法中，正确的是哪一个?

1 学校。接受高等教育的地方。

2 城堡。战败后弃之不顾的古堡。

3 寺庙。印度教的庙宇。

答案在下一页!

答案是 **3**

吴哥窟是建于800多年前的印度教寺庙。

吴哥窟（Angkor Wat）是供奉印度教神祇的大型寺庙。其中"Angkor"为国名，"Wat"意为寺庙。

吴哥窟建于800多年前的苏耶跋摩二世统治时期。寺庙的外墙雕刻精美，神殿内供奉着印度教主神和国王"神王合一"的塑像。后来，由于国家灭亡，吴哥窟也退出了历史舞台。

直到1860年，法国的生物学家亨利·穆奥在热带雨林中发现了古庙遗迹，吴哥窟才重新回到了世人的眼中。如今，每年都会有大量游客前来参观。

沉睡在浓茂的雨林之中，长时间无人问津。

吴哥窟，是柬埔寨规模最大的文化遗产，也是柬埔寨国旗的设计原型。1992年，吴哥窟被联合国教科文组织列入《世界遗产名录》。

生活

243 人气值

世界三大珍稀动物是指大熊猫、霍加狓和什么?

珍稀动物是指自然界中较为稀有和珍贵的动物。你知道还有一种是什么吗?

下列说法中,正确的是哪一个?

1 倭河马。生活在非洲。

2 珀伽索斯。长有双翼、能够飞行的马。

3 鸭嘴兽。能够产卵的哺乳动物。

答案在下一页!

答案是 **1**

世界三大珍稀动物包括大熊猫、霍加狓和倭河马。

珍稀动物是指自然界中较为稀有和珍贵的动物。由于数量稀少，我们很难在自然界里看到它们的身影。100多年前，中国的西南地区生活着许多只大熊猫，人们为了获取皮毛，大肆杀戮，导致大熊猫的数量锐减。

霍加狓生活在非洲的热带雨林，它的长相酷似斑马。近些年，由于热带雨林的面积不断缩小，霍加狓的数量也在逐年递减。

倭河马栖息于非洲热带雨林中的湿地。然而，由于生活环境的严重破坏、捕猎活动的屡禁不止，据说野生的倭河马现已绝迹。

如今，世界各国均通过动物园等设施，努力拯救繁育濒危物种。与此同时，我们也应该爱惜自然，保护自然。

历史

244 人气值

为什么排行榜 **28** 位

贞德为什么被称为"魔女"?

英法的百年战争中,率领法国军队大败英军的少女贞德,因何被称为"魔女"呢?

下列说法中,正确的是哪一个?

1 骑在扫把上指挥军队作战。

2 使用魔法反败为胜。

3 遭英军憎恨,俘虏后被指控为"魔女"。

答案在下一页!

答案是 3

遭英军憎恨,俘虏后被指控为"魔女"。

贞德并非魔女,而是法国民族英雄,出生于法国农村的普通少女。1429年,贞德在"上帝的启示"下,决心带领法国军队收复失地。在她的鼓舞下,士兵们奋勇作战,多次大败英军。

然而,贞德被俘获后,法国国王却没有积极营救。最终,贞德被英军指控为"魔女",并处以死刑。

少女贞德在"上帝的启示"下,率领数千士兵大败英军。

贞德死后,法庭进行了重新审判,最终贞德被宣判无罪。1920年,贞德被罗马教皇封为"圣女"。

世界遗产

245 人气值

为什么排行榜 **27** 位

自由女神像为何而建？

自由女神像坐落于美国纽约，你知道这座雕塑为何而建吗？

下列说法中，正确的是哪一个？

1 是法国送给美国的礼物。

2 美国总统发表了"自由宣言"。

3 据说女神会给人类带来自由。

答案在下一页！

答案是 1

为纪念美国独立100周年，法国赠予美国的礼物。

屹立于纽约市自由岛上的自由女神像，高46米，基座高47米，是为纪念美国独立100周年，法国赠予美国的礼物。其中，自由女神像是在法国制作的，历时10余年，而基座是在美国制作的，是一座美国移民史博物馆。

1886年，自由女神像才与世人见面。1984年，自由女神像被列入《世界遗产名录》。

自由女神像的主体为铜，因表面生锈故呈浅绿色。

自由女神右手高举自由的火炬，左手捧有《独立宣言》，她的原型是古罗马神话中的女神"Libertas"。

文化

246 人气值

复活节为什么要画彩蛋?

复活节是广大基督徒庆祝耶稣复活的重要节日。

下列说法中,正确的是哪一个?

 1 是母鸡产蛋的旺季。

 2 鸡蛋是复活的象征。

 3 耶稣喜欢吃鸡蛋,因此用鸡蛋表示庆祝。

答案在下一页!

答案是 **2**

鸡蛋可孕育生命，因此是复活的象征。

《圣经》记载，耶稣基督（"基督"意为救世主）被钉死在十字架后的第三天奇迹般地死而复生了。于是，基督徒将每年春分第一次月圆之后的第一个星期日定为"复活节"，庆祝耶稣死而复生。

复活节当天，人们会食用"复活节彩蛋"。其中，以红色的彩蛋居多，这是因为红色是血液的颜色，而血液本身就意味着生命。

近些年，市场上还出现了用巧克力、塑料（里面为糖果）等制作的彩蛋。

彩蛋还有多种玩法，例如事先将鸡蛋藏好的"找彩蛋"游戏，比谁的鸡蛋更硬的"撞彩蛋"游戏等。

关于彩蛋有很多种说法。在一些地方，鸡蛋会被装饰起来，用以表示福泽和恩惠。

生活

248 人气值

以下哪个行为美国人认为是不礼貌的?

在我们看来是很平常的事,在美国人看来很不礼貌。

下列说法中,正确的是哪一个?

 1 关心别人家里的情况。

 2 挥手告别。

 3 笑而露齿。

答案在下一页!

答案是

1 美国人认为关心或询问别人家里的情况不礼貌。

随着信息时代的发展,我们的沟通越来越方便,随时可以分享来自全世界的文化与知识。也可以和爸爸妈妈去国外旅游。但是,中西方的文化还是存在一定差异的。小朋友们要多多学习和注意哦。

我们平时与同学或爸爸妈妈与同事聊天时,为了表达关心,会询问家里的情况,比如你家孩子几岁了?父母的身体都很好吧?而这些关切的问候在美国人看来可是严重侵犯了他们的个人隐私。大家可要注意啊,不要轻易询问美国朋友的家庭情况。

在日本,人们抚摸小孩的头部以示喜爱。但在泰国,人们认为小孩的头部是灵魂的居所,神圣不可侵犯。

文化

249 人气值

南非的纸币上印着什么?

中国的纸币正面印有毛泽东主席,背面有人民大会堂、布达拉宫等建筑或风景,那么南非呢?

下列说法中,正确的是哪一个?

1 植物。树木、国花、水果等。

2 动物。犀牛、大象、狮子等。

3 风景。山海、湖泊、森林等。

答案在下一页!

答案是 **2**

南非的纸币背面印着野生动物的图案。

南非，顾名思义位于非洲大陆的南部。该国使用的货币名为"兰特"。1990年以前，货币上的图案为人物头像，之后被动物取代。10兰特上面的动物为犀牛，20兰特为非洲象，50兰特为狮子，100兰特为非洲水牛，200兰特为猎豹。

2014年起，公开发行的新版兰特，背面依然为动物图案，但正面采用了南非前总统曼德拉的头像。

货币上的五种动物被称为"非洲五霸"，这些动物大都生活在国立公园等自然保护区内，当然也可供游客参观。

兰特下面还有"分"这一货币单位。1兰特等于100分，其中1分、2分、5分的硬币上也刻有动物图案。

谜题 为什么排行榜 **23**位

251 人气值

莱茵河中的女妖实际上是什么?

据说,莱茵河中生活着一个女妖,你知道她的真实面目是什么吗?

下列说法中,正确的是哪一个?

1 恐龙的后代。

2 礁石。

3 美人鱼。

答案在下一页!

答案是 **2**

实际上是礁石，地处危险流域，并非女妖。

莱茵河发源于瑞士的东南部，流经德国、荷兰等地后注入北海。据说在莱茵河中游名为罗蕾莱的水域，生活着一位美若天仙的女妖。船夫会因女妖的美貌和歌声而迷失方向，因此该水域常有事故发生。

后经科学证明，罗蕾莱水域礁石丛生，雾气较重，视线不佳，因此导致事故频发。另外，"女妖的歌声"也只不过是风通过礁石时所发出的声音而已。

人们将风声误以为歌声。

世界各地均有关于女妖或人鱼的传说。在日本，还有吃了人鱼肉可以长生不老的说法。

253 人气值

泰国人为什么在河中建房？

泰国位于东南亚地区，当地百姓常在河中建房，你知道这是为什么吗？

下列说法中，正确的是哪一个？

1 方便人们在河中洗澡。

2 方便乘船出行。

3 方便大象饮水。

答案在下一页！

答案是 **2**

在河中建房，便于乘船出行。

湄南河流经泰国的首都曼谷，河道两旁建有许多房屋，似乎漂浮在水面之上。

沿河居住的人们多利用水路出行，同时也可以用船携带物品，做些小本生意。在曼谷河段，人们常乘船买卖商品，慢慢地便成为了当地的水上市场。在那里，既能买到瓜果蔬菜，也能买到日常用品。

如今的水上市场，已经成为了曼谷独特的风景。

在东南亚，除泰国外，也有一些国家将船作为主要的交通工具。

缅甸东临泰国，境内有多条河流，因此船成为了该国重要的交通工具。据说有些地区的孩子还会结伴乘船上学。

生活

255 人气值

为什么排行榜 **21** 位

水稻是种在水里吗？

水稻是我国的主要粮食作物，你知道水稻是种在哪里的吗？

下列说法中，正确的是哪一个？

1 水稻当然种水里。

2 水稻是长在树上的。

3 水稻种在沙子里。

答案在下一页！

答案是

1 水稻是种在潮湿的水田中。

水稻是我国重要的经济和粮食作物,我们常吃的米饭就是来自水稻哦。种植水稻前要先进行育秧,也就是培养水稻小苗,将种子种在苗床上,轻轻盖上疏松的土和肥料,然后浇水,等小苗长了四五片叶子后就栽到水稻田中。水稻喜欢高温、高湿的环境,所以种完之后,要往田里灌水,看上去就像小池塘一样。

有的水稻田中还会养鱼,鱼可以吃掉水稻田中的杂草和害虫,而鱼的粪便又是稻田很好的肥料。到了收获的季节,既有肥美的鱼,又有饱满的稻穗,一举两得。

农民伯伯站在湿冷的稻田中,一棵棵地种下水稻小苗,非常辛苦。小朋友们要爱惜食粮啊。

番外篇  人的世界

No. 1 大问答

世界之大，无奇不有。
接下来让我们看看世界上那些最高、最古老的建筑奇迹吧！

①
世界上最高的大楼是？

②
世界上最古老的木构建筑是？

③
世界上最长的桥是？

④
世界上最长的铁路在哪里？

⑤
世界上最长的隧道是？

答案在下一页！

答 案

1 哈利法塔

哈利法塔坐落于阿拉伯联合酋长国的迪拜。塔高828米，共计162层，于2010年正式落成。

2 法隆寺

位于日本奈良县斑鸠町，建于607年，是世界上最古老的木构建筑群。1993年，被列入《世界遗产名录》。

3 丹昆特大桥

京沪高速铁路丹阳至昆山段特大铁路桥，全长164.851千米，是世界上最长的桥。

4 俄罗斯

西伯利亚大铁路是横贯俄罗斯（世界上面积最大的国家，见P54）东西的铁路干线，西起莫斯科，东至符拉迪沃斯托克，全长9298.2公里，是世界上最长的铁路。

5 圣哥达基线隧道

瑞士的圣哥达基线隧道来往苏黎世和卢加诺之间，2016年正式通车。全长57.1公里，是世界上最长的火车隧道。

番外篇 人的世界

No.1 大问答

世界之大，无奇不有。
最后让我们看看世界上那些最快、最大的交通工具吧！

❶
世界上最快的载人飞机是？

❷
世界上最快的汽车是？

❸
世界上最快的列车是？

❹
世界上最快的电梯在哪里？

❺
世界上最长的船是？

答案在下一页！

答 案

1 黑鸟

美国空军"SR-71侦察机",绰号"黑鸟",时速可达3530公里,是世界上最快的喷气式飞机。

2 音速之风陆地极速车

由美国制造,时速可达1609公里/小时,是世界上最快的汽车。

3 七车磁悬浮列车

2015年,日本的七车磁悬浮列车"The seven-car Maglev"创下了时速603公里的世界纪录。

4 上海

上海中心大厦内的电梯速度可达每秒18米,打破了哈利法塔每秒17.4米的纪录。

5 诺克·耐维斯号

一艘超大型的原油运输船,全长458.45米,比躺下的埃菲尔铁塔还长很多。载重量可达560000吨,现已被拆解。

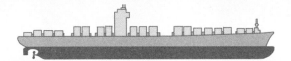

谜题

259 人气值

为什么排行榜 **20** 位

古玛雅文明中存在过一种恐怖比赛是什么?

1000多年前,在墨西哥的丛林里,正进行着一场恐怖比赛……

下列说法中,正确的是哪一个?

1 死亡球赛。用胜败决定生死。

2 死亡马拉松。跑到一人死亡为止。

3 地狱泳池。在有毒的池水中游泳。

答案在下一页!

答案是

1 死亡球赛,用胜败决定生死。

奇琴伊察位于墨西哥尤卡坦半岛的热带雨林中,是古玛雅城市遗址。在这里有7个蹴球球场,比赛规则介于足球和篮球之间,队员只能用膝盖或胯部击球,将球打入悬在半空的圆形球门中。但这并不是一场简单的比赛。

比赛前,祭司会占卜出获胜的一方。双方队员并不知道结果,会拼命比赛。如果比赛结果和占卜一样,那么今年就会风调雨顺。如果结果不一样,则代表了灾祸,为了平息神的愤怒,双方队员都要献上人头。

奇琴伊察遗址(世界遗产)内的天文台。

虽然场面非常血腥,但对当时的玛雅人而言,这种死亡是一种荣耀,他们拯救了族人。

世界遗产

260 人气值

复活节岛上的石像是如何竖起来的?

复活节岛位于太平洋的东南部,岛上有1000多尊巨型石像。你知道它们是如何竖起来的吗?

下列说法中,正确的是哪一个?

 1 用船从大陆运来了巨型吊车。

 2 用圆木和绳子将石像慢慢竖起。

 3 让恐龙拉起来的。

答案在下一页!

答案是 **2**

众人合力用圆木和绳子将石像慢慢竖起。

复活节岛，距南美大陆约3700公里，岛上伫立着1000多尊巨型石像，有的呈站姿，有的呈坐姿，还有的呈睡姿。这些石像高2~10米，重量可达82吨。据考古研究，这些石像大都建造于700~500年前。

科学家们普遍认为，岛上的居民在采石场雕刻好石像后，用圆木和绳子将它们搬运到了现在的位置。搬运一尊石像，不仅需要众人合力，更需要花费数月时间。如今的复活节岛一片荒凉，不过据推测，最初岛上应该有大片森林，后因搬运石像被砍伐殆尽。

搬运石像也好，竖起石像也罢，都绝非易事。

1995年，复活节岛石像被列入《世界遗产名录》。

1600年前，波利尼西亚人移居此岛，创造了举世瞩目的巨石文明。不过，由于森林遭到破坏，文明最终走向了衰败。

生活

261 人气值

小学生为什么要戴小黄帽?

许多国家都要求小学生上下学的路上戴小黄帽。你知道为什么选黄色吗?

下列说法中,正确的是哪一个?

1 黄色是警示色。

2 黄色好看,适合小学生。

3 为了批量生产,随便定了颜色。

答案在下一页!

答案是 **1**

黄色是警示色。

在中国、日本的一些学校,规定小学生上下学时要佩戴"小黄帽"。在那么多好看的颜色中,为什么要选择黄色呢?因为黄色是警示色。黄色非常鲜艳,即使在雨天、雾天等视线不佳的天气中,黄色也可以很清楚地被司机看到,放慢速度,提前避让。

红、黄、蓝、绿又被称为安全色,红色代表禁止,黄色代表警示,蓝色代表遵守,绿色代表安全,小朋友们可以记住这些颜色,在路上行走时,多注意指示牌,不要闯入有红色、黄色标志的区域。

即使佩戴了小黄帽,大家也要注意出行安全,不闯红灯,过马路时走人行横道或过街天桥。

谜题

262 人气值

深溪大石浪是如何形成的?

在浙江安吉的深溪,有一片被称为"千古之谜"的大石浪,你知道"石浪"的成因吗?

下列说法中,正确的是哪一个?

1 女娲和伏羲搬来的石头。

2 远古时期,冰川搬来的石头。

3 地球形成初期,从天而降的陨石。

答案在下一页!

答案是

2 巨石由冰川搬运而来，冰川融化后便留在了原地。

深溪大石浪的垂直高度约260米，像巨石组成的瀑布。这些巨石究竟是从哪里来的呢？长期以来，无人能够破解这一谜题，因此这些石浪又被称为"千古之谜"。

我国著名的地质学家李四光通过一系列研究，认定巨石由冰川搬运而来。冰川大约形成于第三第四冰期，由于海进运动冰川发生移动，在此过程中拖动了巨石。

远古时期，地球的温度极低，大部分地区被冰川覆盖。后来天气转暖，冰川融化，巨石便留在了原地。

冰川下滑，撬动岩石。

冰川拖动岩石下滑。

天气变暖，冰川融化。

岩石留在了原地。

海进是指在相对较短的地史时期，陆地相对于海面下沉，海水侵入陆地的现象。

插图：Daniel Mayer

世界遗产

263 人气值

为什么排行榜 **16** 位

比萨斜塔为什么是斜的?

比萨斜塔位于意大利首都罗马的西北部,因塔身倾斜而闻名于世。

下列说法中,正确的是哪一个?

1 因地震倾斜变形。

2 建筑材料种类繁多。

3 建造途中就已倾斜。

答案在下一页!

答案是

3

建造途中就已倾斜，但并未因此重建。

比萨斜塔呈圆柱形，高约55米，共计8层。比萨斜塔实为钟楼，1173年开工建设，由于土质松软、地基向一侧下陷，最终导致塔身倾斜。不过当时的工匠认为这并无大碍，于是继续建造直至1372年完工。

然而，比萨斜塔完工后，塔身继续倾斜，考虑到人身安全，1990年比萨斜塔曾一度停止向游客开放。

经过11年的修缮，斜塔被扶正到了300年前的程度。目前，比萨斜塔允许游客进入，但对人数进行了严格限制。

南侧的土质松软，导致塔身倾斜。奇迹广场因比萨斜塔被列入《世界遗产名录》。

据说，意大利的物理学家伽利略（P74）曾在比萨斜塔上进行过自由落体实验，借以研究木球和铁球的落地次序。

文化

265 人气值

装饰惊悚的意大利建筑是?

在意大利的首都罗马,有一座装饰惊悚的建筑。如果你亲眼见到,可能会吓一大跳哦!

下列说法中,正确的是哪一个?

 1 墙壁上画有地狱的城堡。

 2 用尸骨装饰的教堂。

 3 台阶上站有木乃伊的古塔。

答案在下一页!

答案是

2 用尸骨装饰的教堂。

嘉布遗会圣母无玷始胎教堂是一座外观看起来平凡，内部却暗藏"惊悚"的教堂。

在教堂的地下室内收藏着4000多位1500年至1870年期间死亡的修士遗骸。这里有5个小教堂，每个小教堂均由尸骨装饰而成，其中既有用尸骨堆积的祭坛，也有用尸骨围成的拱门，还有用尸骨在顶棚上作画的房间。

另外，走廊内还有用尸骨做成的烛台以及枝形吊灯。

教堂的入口处写着："你们的现在，是我们的曾经；而我们的现在，是你们的将来。"

在捷克、波兰、秘鲁等地，也有类似的人骨教堂。这些人骨装饰并不是为了吓唬人，而是供后人景仰、尊敬的。

谜题

269 人气值

为什么排行榜 **14** 位

吸血鬼德古拉真的存在吗？

传说中的德古拉长有尖牙，喜食人血，十分恐怖。他真的存在吗？

下列说法中，正确的是哪一个？

 1 不存在，传说而已。

 2 目前仍隐藏在欧洲。

 3 是吸血鬼的原型，历史上确有其人。

答案在下一页！

答案是 **3**

历史上的确存在着吸血鬼的原型人物。

弗拉德·采佩什（Vlad Tepes）是600年前瓦拉几亚大公国（位于今天的罗马尼亚境内）的统治者。他就是著名的吸血鬼德古拉伯爵的原型。

弗拉德因其残忍的杀人手法而被列为历史上最邪恶的人之一，并得到"龙之子"（Dracula）的绰号。

后来，以弗拉德公爵为原型的吸血鬼小说问世，小说的主人公名为德古拉。由于该小说非常成功，吸血鬼德古拉也因此闻名于世。

弗拉德的绰号为"德古拉"（意为"龙之子"）。

当时由于侵略者奥斯曼土耳其帝国极其强大，据说弗拉德公爵正是为了恐吓对方，才想出了如此残忍的酷刑。

世界遗产

270 人气值

为什么排行榜 **13** 位

为什么说伦敦塔内有幽灵出没？

泰晤士河的岸边伫立着一座千年的古建筑，它就是伦敦塔。

下列说法中，正确的是哪一个？

1 有人在此蒙冤被杀。

2 古代在此搬运死人。

3 重建数次，依然倒塌。

答案在下一页！

答案是

1

伦敦塔内，有人蒙冤被杀，含恨而死。

伦敦塔本为英国的城堡。之后作为军械库、避难所和监狱等。反对国王的人大都关押于此，并被处以极刑。许多人遭受了不白之冤。

其中，最著名的当属亨利八世的妻子——安妮王后。安妮王后因子虚乌有的罪名被判处斩首。从那以后，便经常有人称，他们看到了安妮王后游荡的身影。

1988年伦敦塔被列入《世界遗产名录》，现为英国著名的博物馆之一。当然，伦敦塔内并无幽灵出没。此外，伦敦塔内还饲养着名为"渡鸦"的大型乌鸦。

历史

271 人气值

为什么排行榜 **12** 位

世界上最早的文字是？

很久以前，世界各地纷纷创造属于自己的文字。那么，最早的文字出现在哪里呢？

下列说法中，正确的是哪一个？

 刻在树上的中国汉字。

 画在洞穴内的德国字母。

 写在泥板上的西亚图形文字。

答案在下一页！

答案是

3 写在泥板上的西亚图形文字。

大约在5200年前,西亚的美索不达米亚平原上(现位于伊拉克境内)出现了一种文字。据考证,这种文字是世界上最早的文字。

考古学家在乌鲁克古城发现了刻在泥板上的图形文字,这些文字被称为"乌鲁克古朴文字"。这些图形多用芦苇秆刻画而成,因此线条平直,慢慢地演化成了后来的文字。另外,由于这些文字形似木楔,因而又被称为"楔形文字"。

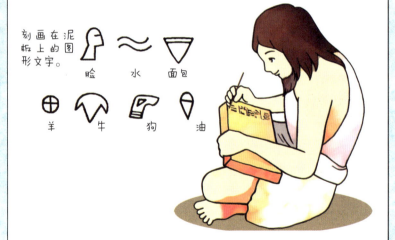

刻画在泥板上的图形文字。
脸 水 面包
羊 牛 狗 油

美索不达米亚平原地处幼发拉底河和底格里斯河交汇的两河流域。苏美尔人在此开创了世界上最早的文明,其中农学、天文学、数学都达到过一定高度。

谜题

273 人气值

为什么排行榜 **11** 位

意大利的庞贝古城因何消失？

据说2000多年前的一天，意大利的庞贝古城突然就消失不见了。你知道其中的原因吗？

下列说法中，正确的是哪一个？

1 火山喷发。埋在了火山灰下面。

2 雷电引起了火灾。城市化为灰烬。

3 天降巨型陨石。古城消失不见。

答案在下一页！

答案是 **1**

火山喷发,古城被埋于地下。

意大利消失的古城名为庞贝古城。公元79年8月24日,古城附近的维苏威火山突然爆发,大量火山灰以及碎石从天而降。由于来不及逃离,许多居民都惨死家中。就这样,维苏威火山的火山灰和碎石将庞贝古城从地球上抹掉了。

1700年后,通过考古挖掘,庞贝古城才得以重见天日。其中还完好地保存着美术品、食器、硬币,以及死者和食物的形状。一座城市竟消失于瞬间,怎能不让人心生感慨呢?

庞贝古城和维苏威火山。

虽然死者和食物早已腐烂,但向火山灰的空隙内灌注石膏,就可以复制出死者、动物以及植物的形状了。

谜题

275 人气值

为什么排行榜 **10** 位

"能够驾车在空中翱翔"的地方在哪里？

这里的地面犹如天空，驾车行驶其上，仿佛在天空中翱翔。

下列说法中，正确的是哪一个？

1 俄罗斯。湖面结冰，映衬天空。

2 玻利维亚。湖面如镜子，水很浅。

3 澳大利亚。白色的沙滩犹如云朵。

答案在下一页！

答案是 2 玻利维亚境内的乌尤尼盐沼。

乌尤尼盐沼位于玻利维亚的西部高原，南北约100公里，东西约250公里，常年被白色的盐层覆盖。乌尤尼盐沼的地面极其平整，高低差不超过50厘米，因此被称为"世界上最平坦的地方"。

每逢降雨，乌尤尼盐沼就会成为浅湖，湖面如镜子一般。在湖面的反射下，大地仿佛也变成了天空。头顶着天空，脚踏着天空。驾车行驶其上，仿佛在天空中翱翔。

雨后的乌尤尼盐沼，天地一色、美不胜收。

亿万年前，乌尤尼地处海洋，后因地壳运动从海底隆起，海水中的盐分便积存了下来，形成了如今被盐层覆盖的荒原。

276 人气值

圣诞老人的原型是谁？

提起圣诞老人，你会想到什么？是红衣服，白胡子？还是圣诞夜悄悄送来的礼物？

下列说法中，正确的是哪一个？

1 万人景仰的主教。

2 送礼物给贫困儿童的老人。

3 分发库存的玩具店主。

答案在下一页！

答案是

1

万人景仰的土耳其主教。

圣诞老人的原型为主教圣·尼古拉斯，他生活在1700年前的利西亚（现位于土耳其境内）。据说他曾让海面恢复平静从而解救了多名船员，他还救助过多名体弱多病的孩子，总之关于他的事迹不计其数。圣·尼古拉斯因博爱受万人景仰，死后也成为了人们心目中的圣人。

每年的12月6日是圣·尼古拉斯的忌日，人们会在这一天举行纪念活动。后来，这一习俗传至欧美国家，同圣诞节合为一体后，圣·尼古拉斯也变成了今天红衣服、白胡子、驾着驯鹿车的老人形象。

圣诞老人的原型圣·尼古拉斯。

圣诞节（12月25日）是庆祝耶稣诞生的节日。而头一天晚上（12月24日）圣诞老人会偷偷地给小朋友们送来礼物。

历史

为什么排行榜 **8** 位

277 人气值

日本的国旗是什么时候确定的?

日本的国旗又称"日之丸"旗,旗面为白色,正中为红色圆形图案。不过,日本的国旗是什么时候确定的呢?

下列说法中,正确的是哪一个?

 1 500年前。武士战斗时需高举国旗。

 2 1868年,明治初期。

 3 1999年,平成时期。

答案在下一页!

答案是

3

1999年，"日之丸"旗被正式确定为日本国旗。

"日之丸"旗（又称太阳旗）由来已久，然而直到1999年，才被正式确定为日本国旗，同时红色圆形的大小和位置也有了明确的规定。

古时候，日本人非常崇拜太阳神（在日本被称为"天照大神"），太阳对于日本人来说有着非凡的意义。因此，日本人的扇子上常有太阳的图案，战国时代的武士也常举太阳旗。

江户时代后期，为了区别其他国家的船只，日本人会在船上悬挂太阳旗。到了明治时代，每逢重大节日，老百姓也会在门前悬挂太阳旗。

江户时代末期，悬挂着太阳旗的"升平丸"号帆船。

古时候，扇面上的太阳图案。

太阳神 天照大神

战国时代高举太阳旗的武士。

根据国旗国歌法，日本的国旗长宽比为3：2，红日的直径为国旗宽度的3/5。

文化 历史

279 人气值

诺贝尔奖的奖金由谁支付?

诺贝尔奖是为有突出贡献者设立的奖项。据说,奖金高达600多万人民币。

下列说法中,正确的是哪一个?

1 由全世界销售电铃的公司支付。

2 由世界各国共同承担。

3 用诺贝尔博士的遗产支付。

答案在下一页!

答案是 3 用诺贝尔博士的遗产组建的基金会支付。

诺贝尔奖由瑞典著名的化学家诺贝尔博士设立。诺贝尔博士因发明硝化甘油炸药获得了巨额财富。起初，他发明的炸药为矿山开采、挖掘隧道节约了大量人力物力，但随后却被用于战争，变成了杀人的武器。

自己的发明成为了杀人的武器，诺贝尔懊恼不已，他时常想：能不能用自己的财富为人类做点贡献呢？因此，在他的嘱托下，1900年诺贝尔基金会成立，从1901年起，向物理、化学、生理学或医学、文学、和平和经济学这6个领域功勋卓著的人颁发奖牌、奖状以及奖金。

阿尔弗雷德·诺贝尔（1833—1896）

自己发明的炸药却成为了杀人的武器，诺贝尔为此懊恼不已。

诺贝尔的遗产在诺贝尔基金会的管理运作下，金额有了大幅度增长，因此不必担心奖金会被用完。2015年，屠呦呦获得诺贝尔生理学或医学奖，理由是她发现了青蒿素。

为什么排行榜 6 位

世界遗产

281 人气值

埃菲尔铁塔为何而建?

埃菲尔铁塔位于法国的首都巴黎,战神广场公园的西北角,塔高324米。

下列说法中,正确的是哪一个?

 1 用来发射数字广播信号。

 2 举办活动的标志。

 3 俯瞰欧洲的观景平台。

答案在下一页!

答案是 2

埃菲尔铁塔是巴黎举办世博会的标志性建筑。

埃菲尔铁塔矗立在战神广场公园的一角。1889年,为了庆祝法国大革命胜利100周年,巴黎决定举办世博会。埃菲尔铁塔正是本次世博会的标志性建筑。

由于埃菲尔铁塔没有实际用途,原计划于世博会后将其拆除。不过,人们通过试验发现,这个庞然大物非常适合无线电通信,埃菲尔铁塔因此幸免于难。

第一次世界大战期间,埃菲尔铁塔在捕捉敌人信号、获取敌人情报上发挥了重要作用。人们在塔顶安装了高约24米的天线后,埃菲尔铁塔才变成了如今的模样。

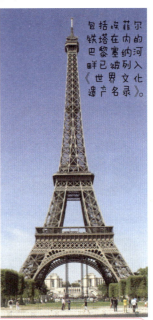

包括埃菲尔铁塔在内的巴黎塞纳河畔已被列入《世界文化遗产名录》。

哦!这么好用!

用作天线,成功接收到了无线信号。

如今的埃菲尔铁塔已经成为了巴黎最具代表性的旅游景点。不过据说建造之初,多数市民认为它破坏了城市美景,谩骂声远远高过赞美声。

世界遗产

282 人气值

漂浮在海上的法国建筑是什么？

在法国，有一座神奇的建筑，涨潮时会漂浮在海中。你知道这是什么建筑吗？

下列说法中，正确的是哪一个？

 看似建筑，其实是一座小型的海底火山。

 不是建筑，而是一艘闲置的军舰。

 建在岛上的修道院。

答案在下一页！

答案是 **3**

天主教的朝圣地——圣米歇尔山。

圣米歇尔山位于法国西部，1979年被列入《世界遗产名录》。由于涨潮和落潮时海平面的落差高达15米，因此落潮时，海面会露出一条小路直通圣米歇尔山；而涨潮时，圣米歇尔山又被升高的海水隔离，看上去就像漂浮在海中。

或许是修建长堤的缘故，泥沙大量淤积，如今已经很难看到小岛漂浮在海中的奇特景观了。不过，法国政府已经着手修缮，希望海潮奇观可以早日重现。

小岛和陆地仅有一条道路相连。

建在岛上的修道院。

据说，公元708年一位主教梦见神示意他在该岛修建教堂。而岛上的修道院始建于969年，历经多年才变成了今天的模样。

世界遗产

284 人气值

为什么排行榜 **4** 位

"行走的瀑布"在哪里?

它不仅是缓缓移动的瀑布,还是世界上水流量最大的瀑布。

下列说法中,正确的是哪一个?

 1 美国和加拿大的交界处。

 2 尼泊尔。在山间移动。

 3 埃及。在沙漠中移动。

答案在下一页!

答案是

1 尼亚加拉瀑布，位于美国和加拿大的交界处。

尼亚加拉瀑布是世界上水流量最大的瀑布。由于流水的侵蚀，瀑布每年都会向上游移动1米左右的距离。

为此，美国和加拿大政府采取了多种措施控制水流量。目前，瀑布每年的移动距离已经被控制在了3厘米。

不过，即使按照现在的移动速度，25000年后尼亚加拉瀑布也会移动至上游的伊利湖，到那时两者融为一体，瀑布就完全消失了。

一边侵蚀岩石，一边向上游移动的尼亚加拉大瀑布。

尼亚加拉瀑布实际上由三股瀑布构成，位于美国境内的两股瀑布宽度分别为260米和15米，而位于加拿大境内的瀑布宽度为670米，因此尼亚加拉大瀑布的总宽约为1公里。

世界遗产

288 人气值

为什么排行榜 **3** 位

金字塔上被大量盗走的东西是什么?

金字塔上有一种东西,因被大量盗走,现已所剩无几。你知道是什么吗?

下列说法中,正确的是哪一个?

1 宝石。藏于地下的金银珠宝。

2 士兵的木乃伊。连同棺椁一并被盗走。

3 覆盖在金字塔上的白色石块。

答案在下一页!

答案是 **3**

覆盖在金字塔上的白色装饰性石块。

金字塔由石块堆砌而成。虽然现在我们看到的金字塔表面呈褐色，但金字塔刚完工时，表面还覆盖着一层白色的石块。因此最初的金字塔应该用光洁如玉来形容。

金字塔表面覆盖的石块，主要为尼罗河沿岸的石灰岩。由于石灰岩质地较软、易于加工、颜色漂亮，多数已被人盗走去盖房子了。不难想象，光洁的石灰岩在阳光的照射下闪闪发光时，金字塔该有多美啊！

哈夫拉金字塔顶端残留的装饰性石块。已被列入《世界遗产名录》。

埃及的金字塔多达110余座。吉萨的胡夫金字塔，表面覆盖有装饰性石块时则高达147米。

289 人气值

号称"巨型迷宫"的城市在哪里?

1800年前,地球上存在着一座迷宫似的地下之城。你知道它在哪里吗?

下列说法中,正确的是哪一个?

1 土耳其的卡帕多西亚。

2 中国。万里长城的下面。

3 亚马孙河的下面。地上炎热,于是建在了地下。

答案在下一页!

答案是

1

土耳其的卡帕多西亚，一座迷宫似的地下都市。

卡帕多西亚位于土耳其东部，海拔1000多米的山峦地区。距今约2000多年，基督教徒为了躲避罗马王室的迫害移居此地。后来，陆续有人因为战争、异教迫害等原因来此避难，300年后，这里已经成为了一座巨大的都市。

为了避免敌人来袭，人们开始在地下修建都市。地下都市共有6块区域，犹如一个巨型迷宫。据说，这里可以同时容纳6万人。

迷宫一样的地下都市。

位于山峦地区的卡帕多西亚。

战争和迫害结束后，人们重返地上，于是地下之城就成为了遗迹，也成为了世界遗产中一颗璀璨的明珠。

世界遗产

290 人气值

为什么排行榜 **1** 位

"天空之城"在哪里?

地球上,有一个地方被称为"天空之城",难道它真的飘浮在空中吗!?

下列说法中,正确的是哪一个?

1 传说而已,其实根本不存在。

2 位于南美洲的秘鲁。

3 撒哈拉沙漠上出现的海市蜃楼。

答案在下一页!

答案是 2

马丘比丘,飘在云端的"天空之城",位于南美洲的秘鲁。

马丘比丘,地处海拔2000多米的安第斯山脉。因其耸立在悬崖之上,犹如飘浮在半空之中,所以被人们称为"天空之城"。

由于马丘比丘地处深山,直到1911年才被人们发现。当时,马丘比丘完全是一座空城。为什么要在如此高的地方建一座城?建城的目的何在?马丘比丘又是如何走向灭亡的?时至今日,依然无人给出答案。不过,考古学家在马丘比丘发现了共同的墓地以及神殿的遗迹,据此推测,这里极有可能是祭祀活动的场所。

1983年,马丘比丘被联合国教科文组织列入《世界遗产名录》。

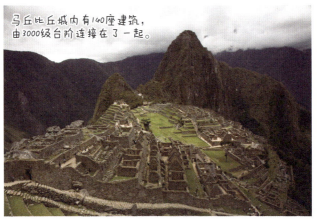

马丘比丘城内有140座建筑,由3000级台阶连接在了一起。

马丘比丘的建筑均由石块堆砌而成,石块和石块间的缝隙连匕首都插不进去。如此精确的堆砌,说明当时的技术水平已经达到了一定高度。

人文地理的科学提问
成绩计算表

你答对了几个？数一数，看看191页的成绩单吧

页码	关注度	问题	正确○ 错误×
5	84	埃及艳后，真的是美女吗？	
7	83	卡塔尔的国旗与其他国家比有何不同之处？	
9	82	欧洲人是何时开始使用叉子吃饭的？	
11	81	为什么毛绒玩具熊又叫"泰迪熊"？	
13	80	为什么啤酒瓶大多是绿色的？	
15	79	古代，参加奥林匹克运动会的选手们穿什么？	
17	78	美洲大陆为什么叫"America"？	
19	77	卢浮宫内的名画《蒙娜丽莎》是真的吗？	
21	76	为什么日本小学生的书包都是一样的？	
23	75	亚特兰蒂斯为什么被称作"谜之大陆"？	
25	74	科罗拉多大峡谷是如何形成的？	
27	73	莫扎特儿时曾求过婚？	
29	72	塞内加尔的屋顶为什么是凹陷的？	

页码	关注度	问题	正确○ 错误×
31	71	中国早期的马桶叫什么?	
33	70	印度和印度尼西亚有何关联?	
35	69	蒙古的学生如何去上学?	
37	68	苏格兰男人为什么穿裙子?	
39	67	松巴岛的屋顶上住着什么?	
41	66	安赫尔瀑布究竟神奇在哪儿?	
43	65	《佛兰德斯的狗》的故事发生在哪个国家?	
45	64	伊瓜苏大瀑布因何闻名于世?	
47	63	秦始皇派人寻找的究竟为何物?	
49	62	为什么印度国王会因修建宫殿而遭受惩罚?	
51	61	为什么尼泊尔的国旗呈锯齿状?	
57	60	为什么要修筑万里长城?	
59	59	"红灯、绿灯、小白灯"的游戏在美国的口令是?	
61	58	巨石阵究竟为何物?	
63	57	纳斯卡线条,究竟为何所画?	
65	56	为什么意大利面是黄色的?	

页码	关注度	问题	正确○ 错误×
67	55	巴黎对洗晒衣物有哪些规定?	
69	54	泰坦尼克号因何沉入大西洋?	
71	53	凯旋门为何而建?	
73	52	伽利略因何被捕入狱?	
75	51	困扰贝多芬的是什么疾病?	
77	50	曼基康猫原产自哪里?	
79	49	突尼斯地面上的凹坑究竟是什么?	
81	48	巴拉圭的国旗有何特殊之处?	
83	47	布罗肯山上的妖怪是什么?	
85	46	玩具贵宾犬原产于哪国?	
87	45	为什么珠穆朗玛峰上有贝类化石?	
89	44	金字塔和狮身人面像,哪个历史更悠久?	
91	43	特洛伊木马是如何打败敌人的?	
93	42	古埃及人为什么要将尸体制成木乃伊?	
95	41	番茄节上人们扔的是真番茄吗?	
101	40	万圣夜为什么要做南瓜灯?	

页码	关注度	问题	正确○ 错误×
103	39	摩纳哥和印度尼西亚的国旗为何如此相似?	
105	38	英国国旗的图案代表了什么?	
107	37	死海为什么叫"死"海?	
109	36	毕加索的画作为何如此奇特?	
111	35	肯尼亚是什么的宝库?	
113	34	阿根廷国旗上的"太阳"代表着什么?	
115	33	图坦卡蒙诅咒了什么?	
117	32	为什么科隆群岛上生活着许多珍稀物种?	
119	31	阿兹特克帝国灭亡的原因是什么?	
121	30	吴哥窟是什么地方?	
123	29	世界三大珍稀动物是指大熊猫、霍加狓和什么?	
125	28	贞德为什么被称为"魔女"?	
127	27	自由女神像为何而建?	
129	26	复活节为什么要画彩蛋?	
131	25	以下哪个行为美国人认为是不礼貌的?	
133	24	南非的纸币上印着什么?	

页码	关注度	问　题	正确○ 错误×
135	23	莱茵河中的女妖实际上是什么？	
137	22	泰国人为什么在河中建房？	
139	21	水稻是种在水里吗？	
145	20	古玛雅文明中存在过一种恐怖比赛是什么？	
147	19	复活节岛上的石像是如何竖起来的？	
149	18	小学生为什么要戴小黄帽？	
151	17	深溪大石浪是如何形成的？	
153	16	比萨斜塔为什么是斜的？	
155	15	装饰惊悚的意大利建筑是？	
157	14	吸血鬼德古拉真的存在吗？	
159	13	为什么说伦敦塔内有幽灵出没？	
161	12	世界上最早的文字是？	
163	11	意大利的庞贝古城因何消失？	
165	10	"能够驾车在空中翱翔"的地方在哪里？	
167	9	圣诞老人的原型是谁？	
169	8	日本的国旗是什么时候确定的？	

页码	关注度	问　题	正确 ○ 错误 ×
171	7	诺贝尔奖的奖金由谁支付？	
173	6	埃菲尔铁塔为何而建？	
175	5	漂浮在海上的法国建筑是什么？	
177	4	"行走的瀑布"在哪里？	
179	3	金字塔上被大量盗走的东西是什么？	
181	2	号称"巨型迷宫"的城市在哪里？	
183	1	"天空之城"在哪里？	

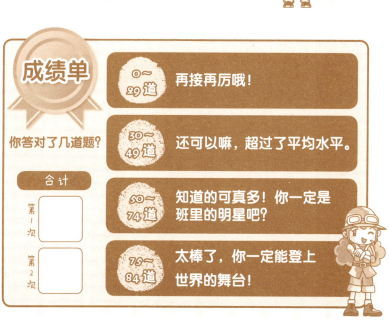

成绩单

你答对了几道题？

合计
第1次 ▢
第2次 ▢

- 0~29道　再接再厉哦！
- 30~49道　还可以嘛，超过了平均水平。
- 50~74道　知道的可真多！你一定是班里的明星吧？
- 75~84道　太棒了，你一定能登上世界的舞台！

图书在版编目（CIP）数据

超级问问问. 人文地理 /（日）由井菌健编著；
马云雷，杜君林译. —北京：化学工业出版社，2017.5（2023.1重印）
ISBN 978-7-122-29176-9

Ⅰ.超… Ⅱ.①由… ②马… ③杜… Ⅲ.①科学知识-青少年读物　Ⅳ.①Z228.2

中国版本图书馆CIP数据核字（2017）第038534号

なぜ？どうして？　世界のふしぎＮＥＷぎもんランキング
由井菌健・監修

Naze? Doshite? Sekai no Fushigi New Gimon Ranking
© Gakken Education Publishing 2014
First published in Japan 2014 by Gakken Education Publishing., Ltd. Tokyo
Simplified Chinese character translation rights arranged with
Gakken Plus Co., Ltd. through Beijing Kareka Consultation Center
北京市版权局著作权合同登记号：01-2016-6907

责任编辑：丰　华　宋　娟　　　　装帧设计：北京八度出版服务机构
责任校对：吴　静　　　　　　　　封面设计：周周设计局

出版发行：化学工业出版社（北京市东城区青年湖南街13号　邮政编码100011）
印　　装：北京新华印刷有限公司
787mm×1092mm　1/32　印张6　字数450千字　2023年1月北京第1版第3次印刷

购书咨询：010-64518888　　　　　售后服务：010-64518899
网　　址：http://www.cip.com.cn
凡购买本书，如有缺损质量问题，本社销售中心负责调换。

定　　价：29.80元　　　　　　　　　　　　　版权所有　违者必究